주머니 속의 장르

주머니 속의 장르

인간의 연륜에서 느껴지는 평화를 동경한다.
평화를 이해하는 사람에게는
그만의 이야기 주머니가 있다고 생각했다.
어느 책방에서 하루를 보내는 이웃의 주머니에는
어떤 이야기가 있을지,
사탕처럼 하나씩 꺼내 보자.

이번에는 어떤 맛이 날까?

김택수

차례

들어가며

목요일엔 목요일의 일을 하듯
책방에는 책방의 일이 있습니다 * 6p

1부 고소하고 사소해

지구불시착 드립력 * 13p
안부는 없어도 위안이 되기에는 충분한 * 17p
우산의 법칙 * 20p
이게 다예요 * 23p
이런 날 무슨 소용 * 25p
써전페퍼스론리하츠클럽밴드 * 28p
사잔올스타즈, 4월 벚꽃과 아이스크림, 푸딩 * 30p
김삼촌 씨 * 32p
기분 좋은 소비 * 36p
고소하고 사소해 * 39p
아웃복싱 * 42p
창과 방패 * 44p
그다음은 그다음에 * 47p
시트콤에 나오는 길 같지 않아요? * 49p
꿈속의 매출 * 53p
윤미 * 57p

친구는 오지 않고 ✳ 61p

기분 좋은 바람 ✳ 65p

2부 어떤 일이든 좋은 일

잠깐의 충만감 ✳ 70p

어설픈데 이게 되네 ✳ 74p

맥락 없이 활자 중독 ✳ 79p

비는 여행을 위한 적당한 소품 ✳ 86p

구덩이 ✳ 95p

익숙하고 낯선 여름밤 계동 ✳ 98p

어떤 날 ✳ 104p

여행의 시스템 2 ✳ 108p

나의 소원은 수필 ✳ 112p

계동 달님에게 ✳ 116p

택수 ✳ 123p

비론 모레노 ✳ 127p

주주 ✳ 135p

마법 학교 5학년 役 ✳ 144p

일요일의 총총과 멸망한 그림 ✳ 145p

어떤 일이든 좋은 일 ✳ 148p

안나 스콧 ✳ 152p

3부 최선을 다하지만 가능한 범위 내에서

지구불시착 신제품 떡메모지를 추천합니다 ✲ 156p
보이는 것을 그린다 ✲ 160p
21c 도강록 ✲ 162p
적당한 온도 ✲ 168p
최선을 다하지만 가능한 범위 내에서 ✲ 170p
마법 같은 수업 ✲ 173p
이국적인 것에 관하여 ✲ 176p
마법전 ✲ 179p
매우 초록 ✲ 181p
졸린 눈의 코끼리 얼굴 ✲ 184p
몸 아픈 게 마음이 아파 사는 것보다 ✲ 188p
그나마 다행인 것은 ✲ 190p
기분 좋게 인사 ✲ 193p
 어느 여름 ✲ 195p
지금의 약속 ✲ 197p
특별 외출 ✲ 199p
대범한 상상 ✲ 202p
플레이리스트 ✲ 206p
살아온 날들의 기적 ✲ 209p

4부 하루끼는 불가능 하루끼처럼은 가능

하루끼는 불가능 하루끼처럼은 가능 * 215p

여름의 기념일 * 219p

비비추 비비추 비비추 * 222p

내가 만일 안자이 미즈마루라면 * 227p

이상하려고 작정이라도 한 듯 * 231p

이삿짐 정리 * 234p

가디언즈 * 237p

인구절벽은 삼신할미가 아프셔서였다네 * 245p

자라나는 마음 * 247p

걸으며 남겨진 것들 * 250p

새벽에 일어나 * 253p

당뇨 인간 * 255p

룩스 * 259p

택수 씨네 * 261p

나는 밀란 쿤데라 * 263p

그림이 안 풀릴 때 해보는 상상 * 267p

오늘의 명장면 * 271p

목요일엔 목요일의 일을 하듯
책방에는 책방의 일이 있습니다

    동네 책방 지구불시착은 2016년 가을과 겨울 사이 법무사 사무실이 즐비한 오피스텔 2층 복도 끝에서 특별한 개업식도 없이 아무도 모르게 시작됐습니다. 정확한 날짜는 기억 못 합니다. 하지만 종이 한 장을 꺼내어 연필을 손에 쥐고 선을 그으면 그림이 시작되는 것처럼 지구불시착도 분명한 시작은 있었습니다. 백열전구 세 개를 사 와 천장에 설치하고 조명을 켰던 순간을 기억하고 있습니다. 실내가 밝아지고 따뜻한 빛이 책방을 감싸 안으면 형광등 아래 책장 하나 없었던 오피스텔은 너무도 쉽게 책방으로 바뀌었습니다. 그 빛은 마법의 빛. 지구불시착을 만들고 지구불시착이 닮고 싶고, 지구불시착이 말하고 싶은 빛입니다. 빛을 품은 지구불시착은 책이라 하면 혹은 책방이라면 기꺼이 마음을 내주는 사람이 하나둘 모여 웃으며 위로하는 장소가 될 수도 있다고 생각했습니다. 그래야만 책방이 되는 것이라고 믿었습니다.

 책방을 시작한 것에 어떤 이유가 처음부터 필요했던 건 아니기에 왜 책방인가에 대한 답은 지금도 모르겠습니다. 다만 지구불시착이란 책방을 오래오래 하고 싶다는 마음은 시간이 지날수록 커지고 있습니다. 책방은 쉽지 않습니다. 특히 경제적인 면에서 그렇습니다. 주로 하는 일은 기다리는 일과 견디는 일입니다. 하지만 좋은 일은 여러 가지 이유로 넘칩니다. 책방을 시작하고 많은 사람을 알게 되었습니다. 만나는 사람들은 대부분 평온한 사람들이었습니다. 책장을 넘기는 순간을 삶의 처방으로 여겨온 사람들에게서만 느껴지는 결이 있습니다. 이제는 9년 가까이 함께한 결들이 지구불시착을 만들어가고 있습니다.
 책방에도 연륜이라는 게 있을지 모르겠습니다. 책이 한 권 팔리면 만세를 부르던 날도 있습니다. 하루 종일 손님이 없는 날도 있고, 또 어느 날은 책이 많이 팔리는 날도 있습니다. 책 판매 평균 법칙이란 것을 알게 됐습니다. 오늘 손님이 없더라도 나는 다른 일을 합니다. 목요일엔 목요일의 일을 하듯 책방에는 책방의 일이 있습니다.

　책방에는 책이 있고, 그림이 있고, 글이 있습니다. 처음부터 책과 글에 관심이 있었던 것은 아니지만 책방이 만드는 분위기는 확실했습니다. 독자가 없는 글을 써 봤습니다. 글은 스스로 작가이면서 스스로 독자인 글쓰기로 발전했습니다. 잘 쓰거나 못 쓰는 것에 대한 판단 같은 것은 욕심이었습니다. 그냥 글 하나를 썼다는 것에 만족하는 것이 좋았습니다. 신기하게도 그 글은 읽으면 읽을수록 마음에 드는 글이 되어 은근히 독자이자 작가인 자신을 칭찬하게 되었습니다. 지구불시착은 스스로 출판사를 겸하며 책을 출간하기도 합니다. [지구불시착 그림 그리기 팁 초간단 편], [성수기도 없는데 비수기라니], [하루만 하루끼], [너에게 반했어 나머지 반 부탁해], [지구불시착 글쓰기 팁 초간단 편]을 출간했습니다. 그림을 그리고, 전시도 하고,

초상화도 그립니다. 필요하면 굿즈도 만듭니다.

 책방은 협동조합이 운영하는 카페 안에서 6년을 지내고 24년 1월부터 지금 이곳에서 시즌 3을 운영하고 있습니다. 책방이 좋은 이유를 납득시키기 위해서 애쓰고 있습니다. 작은 메모 하나가 눈길을 끌 수도 있고, 오래된 mp3의 음질이 마음에 닿을 수도 있어요. 가끔 턴테이블에 레코드판을 올려놓고 'e la vita'를 듣기도 합니다. 그 노래를 들을 수 있다면 당신은 운이 좋은 사람일지도 모릅니다. 당신이 운이 좋다면 지구 불시착도 운이 좋아집니다.
 우리들만 아는 이야기로 우리들만의 관계가 계속 이어지기를 바랍니다. 그것이 제가 그리는 그림입니다.

 그리고, 특별히 언제나 한결같은 마음으로 아내에게 감사하다는 말을 이 지면을 통해 전하고 싶습니다.
 감사합니다.

김택수

1부

고소하고 사소해

아무런 방해를 받지 않고
천천히 마시는 커피의 고소함.
좋은 예감이 생길 것만 같다.
오늘도 무난히 살아낼 것만 같은
맛이 여기에 있다.

지구불시착 드립력

책방을 옮기고 음료에 대한 다양한 잔소리를 들었다. 음료가 필요하다는, 음료는 하지 말라는, 한다면 주류를 겸하라, 커피와 차만 있으면 된다, 커피는 캡슐로 하라, 모카 포트가 좋다, 드립이 쉬울 거다, 커피를 팔지 말고 기부금 형식으로 하자, 책을 사는 사람에게 무료로 제공하자…… 등 너무나 많은 의견을 들었다. 하지만 나는 어떤 대답도 하지 않았다. 나의 계획은 대부분 이미지다. 예를 들면 이런 상상을 한다. '적당한 때가 되면 누군가는 테이블에 앉아 커피를 마시며 글을 쓰겠지?' 이것이 지구불시착에서는 미래이며 아주 구체적인 계획인 것이다.

결국 드립커피로 결정됐다. 준준과 딘딘이 비건 카페 구수하당에서 사용했던 최소한의 장비를 준비해 줬다. 원두의 양과 커피 필터를 접어서 드립퍼에 올리는 방법, 린씽과 저울의 사용법을 알려줬다. 법랑 주전자로 물을 최초 50g을 내리고, 30초를 세고, 또 200g을 내리고, 또 20초를 세고, 마지막으로 320g이 될 때까지 내리면 된다고 했다. 그것은 양말을 신는 것처럼 간단한 일이었다. 심지어 멋진 일을 하는 사람처럼 느껴지기도 했다. 원두를 내리는 내 모습을 상상했다. 군살이 하나도 없고, 아이리쉬 헌팅캡에 헐렁한 셔츠만 입어도 느낌이 있는 마스터. 그것만으로도 가게 분위기를 통째로 바꿀 수 있다. 원한다면 언제든 도쿄 카페 모드로 변신이 가능한 세계였다.

　원두를 주문했다. 입이 까다로운 딘딘에게서 오랑오랑의 조르바를 추천받았다. 원두가 도착하고 본격적 카페 놀이가 시작됐다. 택배 상자엔 브랜드의 아이덴티티를 설명하는 엽서와 간단명료한 디자인의 커피 내리는 방법이 있었다. 원두에 관한 설명부터 물의 적당 온도와 추출 방법, 원두의 양이 표기되어 있었다. 딘딘이 이야기한 대로였다. 너무나 간단히 간지의 영역에

진입할 수 있었다.

 이제 커피가 준비 됐음을 알리고 사람들에게 시식을 권했다. 먼저 한 달 전까지 함께 했던 공동체 선생님들에게 맛을 보일 생각이었다. 사실은 맛보다 멋있어 보일 생각이 압도적으로 우세했다. 계획은 그랬다. 그러나 원두를 갈기 전부터, 조금 더 구체적으로는 커피를 내리겠다고 선언하자마자 촌철살인의 잔소리를 듣기 시작했다. 손은 씻었나?부터 주전자를 쥐는 방법, 린씽을 하는 물의 양과 커피 필터에 물이 닿으면 안된다, 원을 그려라, 커피를 흔들지 마라, 커피의 양이 많다, 컵이 차다 등 맛보다 잔소리의 영역에서 넉다운이 되고 말았다. 이상하게, 정말로 이상하게 내가 커피를 내리면 모두가 한 마디씩 거든다. 도무지 집중할 수가 없다.

 도쿄가 뭐고, 원두가 뭐고, 마시는 취향도 제각각인데 커피를 내리는 방법도 다 다르다. 그것을 어떻게 나에게서 기대하는지 모르겠다. 어쩌면 사람들은 나에게 아무런 기대를 안 하는 것일 수도 있다. 내가 무엇을 하든 잔소리하는 재미로 오는 것이다. 틀림없이 그쪽이 한결같다고 해도 무방하다. 좋다면 얼마든 들어줄

수는 있다. 드립 커피 4천 원은 잔소리 폭격 포함 가격이다. 그것은 세상 어디에도 없는 지구불시착 드립의 맛이다. 쾌감마저 느껴지는 맛이랄까.

안부는 없어도
위안이 되기에는 충분한

안녕하세요. 나는 양말입니다. 왼쪽과 오른쪽이 한 쌍이고 우린 합쳐서 양말이라고 합니다. 하지만 한쪽만 있어도 양말이고 두 쪽 다 있어도 양말이라고 합니다. 왼쪽과 오른쪽이 있는 건 장갑과 비슷하지만 우린 좌우가 대칭이라서 어느 쪽에 끼워지더라도 불만이 없습니다. 네, 그렇습니다. 우리 양말은 불만이 적습니다. 가장 겸손한 위치에서 두 발을 따뜻하게 감싸며 다정함을 발휘합니다. 양말은 누구에게나 똑같은 사명으로 최선을 다합니다. 양말이 바라는 환경은 평화와 고요입니다. 주머니처럼 외부로부터의 이물질을 받아야 할 이유도 없습니다. 깊은 물과 같이 계속되는 고요함 속에서 임무를 수행하면 됩니다. 아주 간단한 일이죠.

하지만 간단한 일은 그렇게 만만하지만은 않습니다. 하루 손님이 겨우 열 명 남짓한 책방을 운영하는 것처럼 때론 무료하고 때론 목표가 희미해집니다. 지치기 쉬우며 머나먼 우주의 외로운 별과 같은 소소하고 아름다운 쓸쓸함을 이겨내야 합니다. 숙명의 몫을 견뎌야 하는 일입니다.

양말을 무심한 듯 무심하지 않은 듯 신어야 진정한 패션의 고수가 됩니다. 책방도 다르다고는 말할 수 없겠죠. 안녕하세요. 지금부터 난 책방입니다. 양말과 책방은 쉽게 이해할 수 없는 지점에서 연결되어 있습니다. 오늘도 난 그 누구의 눈길도 닿지 않은 곳에서 책방의 일원으로 열심히 존재하고 있습니다만, 그것을 아는 사람은 아마도 없을 듯합니다. 저기서 한가로이 수채화를 그리는 책방 주인도 날 알아보지 못하는 것 같습니다. 내가 사라지면 책방은 사라지는 것인데도 말이죠.

양말과 책방은 깊은 곳에서 연결되어 있습니다. 우린 형제이며 친구이죠. 집에 돌아가 양말을 벗는 순간에도 책방을 잊어서는 안 됩니다. 양말은 잘 세탁하고 정성스럽게 널고 개어야 합니다. 양말의 한 올 한 올에

세심함을 잊지 않길 바랍니다. 경제력을 이겨내지 못하고 사라지는 동네 책방 이야기를 한 번쯤 들어봤겠죠? 누군가 양말을 거칠게 다뤘을 때 책방은 사라집니다. 또 어느 책방이 열심인 건 양말이 건강하다는 표시이기도 합니다. 안부는 없어도 위안이 되기에는 충분한 그런 사이가 세상에는 비밀처럼 존재한다는 것을 잊지 않았으면 합니다.

우산의 법칙

갑작스럽게 큰비가 내렸습니다. 짧은 시간에 엄청나게 많은 양의 비가 왔습니다. SNS에서는 K스콜이라는 해시태그가 순식간에 번졌습니다. 분노하듯 내리는 비는 마치, 이성을 잃은 물체가 콘크리트 바닥을 향해 돌진하는 것처럼 보였습니다. 자비도 양심도 없는 맹목적인 투신이었습니다. 나는 한동안 그 희한한 물체를 멍하니 바라보았습니다. 빗줄기라던가 빗물, 빗방울이란 세분화된 이름은 사치였습니다. 비는 머리도 없고 꼬리도 없는 덩어리였습니다. 그런 동물적인 비로 인해 태릉 입구 구사거리의 8차선 도로는 찢어지고 있습니다. 내 마음도 그랬습니다.

큰비가 내리는 사거리 앞 이곳은 조그만 무인도와도

같습니다. 여러 가지 이유로 책방은 가끔 무인도가 됩니다. 무인도에서 읽을 책 고르기가 한동안 유행했지만, 난 그런 질문을 그다지 좋아하진 않습니다. 사실 무인도와 책이 그렇게 사이가 좋았던가요?

올해 유난히도 비가 거슬렸던 건 사실입니다. 특히 여름에는 장마와 거의 한판 승부라도 벌일 태세였습니다. 나는 원래 비를 좋아하는 사람이지만 23년도의 비는 가끔 얄궂기도 했습니다. 천장에 비가 새어 책 여러 권을 잃었습니다. 가까운 철물점에서 4미터 정도의 파이프를 사다가 기다란 배수로를 설치했습니다. 도면은 커녕 느낌으로만 비의 유속을 계산하고 톱질을 했습니다. 유속이 빠를 때의 물줄기와 느릴 때의 물줄기는 물길이 달랐습니다. 유속이 빠른 비는 낙수의 범위가 넓어집니다. 비닐을 사용해 물길을 잡았습니다. 높고 긴 배관은 철사를 꼬아 고정했습니다. 어설프기 짝이 없었지만 제법 그럴싸했습니다. 비 소식이 있는 날은 뜬눈으로 밤을 새웠습니다. 어설픈 배수로가 잘 작동할지 궁금했기 때문입니다. 빗물은 양과 속도에 상관없이 모두 물받이로 흘러갔습니다. 비가 많이 오는 날이면 '이게 되네' 하며 감탄하는 얼굴로 배수로를 보곤 합니다. 나는 이제 비가 아무리 많이 와도 배수로를 걱정하지 않습니다.

올해는 또 많이 보이는 것이 우산입니다. 어떤 이유에서인지 우산이 점점 늘어나고 있습니다. 무슨 무슨 기념으로 만들어진 우산, 손님이 놓고 간 우산, 찾으러 온다며 여태 오지 않는 다른 손님의 우산이 서로 기대어 서 있습니다. 평소 왕래도 드문 길 건너 와인바 사장님이 장우산 두 개를 들고 찾아왔습니다. 2주년 기념으로 우산을 만들었는데 너무 많이 만든 것 같아 나누고 있다고 합니다. 나는 축하한다고 말하고 또 우산이 늘었네 하며 우산을 받았습니다.

공격이 비라면 우산은 방어입니다. 나는 우산이 많은 사람이니 또 무난히 견뎌낼 수 있습니다.

만일 이런 비를 뚫고 손님이 온다면 나는 얼마든지 우산을 내어 줄수 있습니다. 비는 계속 내리고 책방은 점점 무인도가 되어가고 있습니다.

이게 다예요

아침에 눈을 떠요. 그리고 곧 몇 잔의 커피를 마시고 화초에 물을 주겠죠. 누군가와 이야기를 나누고, 카톡창을 두드리며 희희낙락거려요. 인스타와 유튜브를 보다가 잠깐 멍해집니다. 이대로 괜찮을까? 하지만 이게 다예요. 내일도 같은 일을 하겠죠.

우리는 노견 복순이, 고양이 아르와 몽쉘, 책방과 가족을 바라보는 일을 하고 연민을 갖습니다.

새싹이 조금 자라난 것으로 일대 소란을 떨고, 고양이의 몸짓에 열광하다가도, 우리들만을 위해서라면 단순하게 좁은 마음으로 분노하는 일에도 서슴없습니다.

<이게 다예요> 마르그리트 뒤라스의 사랑처럼 사랑

은, 그것이 전부라고 믿고 싶을 때가 있습니다. 불같은 사랑이 아니더라도. 우산 속에서 어깨를 감싸 안는 연인의 사랑과 같지 않더라도.

  라면을 먹다가 문득, 돌아가신 아버지 생각에 울컥하다가도 유튜브를 보며 깔깔대는 일이 동시에 일어날 수 있습니다. 보라매 공원에 굴러다니는 돌멩이 하나에 눈길 주지 않기와 같은 어려운 일도 있고, 굵은 땀을 흘리는 딸아이가 냉수를 꿀꺽꿀꺽 삼키는 모습도 기억해 둬야 합니다. 여름 내내 돌아가던 선풍기의 날개를 닦는 조심스러운 손길에도 사랑은 흐릅니다. 화초가 계속 잘 자라나길 바라는 마음처럼. 어제 본 너를 내일 또 보길 바라는 마음처럼.

  곳곳에 사랑이 넘칩니다. 그것을 고작, 한 뼘 그림에 욱여넣고 싶은 마음입니다.

  우리들의 진심은 "네, 이게 다예요."

이런 날 무슨 소용

그럼 이제부터 시를 외워보겠습니다.

저 선운산 연둣빛 좀 보아라
이런 날 무슨 사랑이겠는가
무슨 미움이겠는가

시인 고은의 명성이 추락하기 전 이 시를 외우고 다녔다. 그 시절 나는 책을 많이 읽었고, 오토바이를 타고 서울의 골목과 골목을, 성곽길과 궁궐을, 종묘를 여행했다. 필운동의 이름을 붓 필筆과 구름 운雲으로 멋대로 상상하기도 하고, 비 오는 날엔 근정전 처마아래에서 부서지는 빗줄기와 박석 위를 흐르는 물줄기를 보곤 했다. 청계천과 동묘를 둘러보며 너무 비싸지 않으면서도 흔하지 않은 물건값을 흥정하기도 했고, 미군 부대의 보급품이라던가 고가의 짝퉁 시계를 파는 사람의 말버릇이라든가 그런 것에 관심을 보이는 사람은 어떤 종류의 사람인지 생각했다. 제트기의 뚜껑을 전시해 놓은 가게에서는 배우 최민수가 단골이라고 했다. 파충류를 파는 어느 가게에서는 직원이 희귀한 것을 보여주겠다며 가게 안 깊숙한 곳으로 나를 데리고 갔는데, 커튼을 걷고 보여준 두 마리의 거북은 크기와 생김이 충격적이었다. 거북의 눈이 불편한 기색을 보이더니 세상에서 가장 빠른 속도로 달려들었다. 난 겁이 나서 지체 없이 가게를 벗어나며 잠에서 깨어났다.

책방은 5시. 오늘 책방을 찾은 사람은 신천지를 포교하는 두 사람이 전부였다. 찌뿌둥한 몸을 일으켜 기지개를 켜고 자리에서 일어났다. 그리고 기분 전환을 하기 위해 이빨을 닦았다. 아직 날이 쌀쌀하다. 가게 앞 골목은 꿈속의 뒷길처럼 지나가는 사람 하나 없이 고요했다. 자리로 돌아와 재미없는 책을 읽다가 유튜브를 보다가 다시 졸린 눈을 비빈다. 오늘 같은 날 무슨 손님이겠는가. 감기는 눈에 거역할 뜻이 없어 그대로 엎어진다. 이제는 서순라길을 걸어볼까?

써전페퍼스론리하츠클럽밴드

 북한산을 등지고 호텔 입구가 보이기 시작했다. 녹슨 씨는 신호를 기다리며 시간을 확인했다. 5시 55분. 이대로라면 괜찮은 타이밍이라 생각했다. 인수봉 왼쪽으로 서서히 가라앉고 있는 태양을 사이드미러를 통해 바라보았다. 해지는 시간이 상당히 빠르게 느껴진다. 이것을 과학용어로 뭐라고 했었는데…. 라고 중얼거리며 미간을 모았다가 풀었다. 기억이 나지 않는다. 애써 기억할 필요는 없다. 녹슨 씨는 운전대에서 손을 내렸다. 담배를 꺼내 물고 불을 붙였다. 연기를 깊게 빨아들였다. 배가 크게 부풀었다. 8차선 도로를 꽉 매운 경적. 차들은 엉켜있었다. 차를 버리고 달리는 사람도 보였다. 어리석은 인간들. 어디로 가려는 건지, 얼마나 더 살려고 저러는 건지 헛웃음이 나왔다. 예전에 봤던 기묘한 이야기에서 시간을 멈추는 능력이 있는 사람이 나왔다. 거리는 지금과 같이 아수라장이 되어있었고 공중에는 거대한 핵폭탄이 떨어지고 있었다. 주인공이 시간을 멈추자 사람들은 그 자리에서 굳어버리고 핵폭탄도 머리 위에서 그대로 멈췄다. 멈춰버린 그 거리를 주인공이 홀로 걸어가며 드라마는 끝났던 걸로 기억한다. 하지만 녹슨 씨에게는 그런 능력이 없다. MP3를 틀었다. 써전페퍼스론리하츠클럽밴드가 나왔다. 절묘한 타이밍이다. 라고 녹슨 씨는 생각했다. 볼륨을 높였다. 공습경보 사이렌의 소리가 지워지고 사람들은 무위의 춤을 추는듯 보였다. 웃을 만한 가치가 있었다. 녹슨 씨는 호텔 너머로 거대한 핵폭탄이 미끄러지듯 드러나는 모습을 보았다. 그것은 예상과 다르게 인류의 마지막 태양보다 훨씬 느린 속도로 다가오고 있었다. 그것은 마치.

사잔올스타즈, 4월 벚꽃과 아이스크림, 푸딩

 직장에서는 대체로 신망을 얻는 편이다. 그건 내가 일을 똑똑하게 잘해서가 아니다. 오히려 일머리가 좋지 않고 실수도 잦다. 나는 그런 단점을 극복하는 방법을 알고 있는지도 모르겠다. 무식하다고 할 수도 있지만 시간을 아끼지 않고 쏟아붓는 방법이다. 나를 지켜보던 직장 동료가 걱정스러운 눈으로 보기 시작할 즈음 나의 단점은 희석되기 시작한다. 그러면 자연스럽게 업무 처리도 빨라진다. 대인 관계에서도 모난 편이 아니어서 불만을 사는 일이 많지 않다. 그리고 나는 선천적으로 불쌍한 스타일이다. 직장 내 서열, 거래처를 막론하고 나를 안쓰럽게 여기도록 하는 힘이 있다.

"내가 왜 이런 것까지 챙겨줘야 하는 건데?"라며 동료가 말하고, 거래처 사장님은 "이거 너무 하는 거 아니야?" 하며 원하는 걸 들어주신다.

  많이 일하는 것도 복인가? 일복이라면 타고났다. 근무 시간은 상상을 초월할 정도로 길다. 불만은 적은 편이다. 사잔올스타즈, 4월 벚꽃과 아이스크림, 푸딩 같은 것이 힘이 되기도 했다. 젊은 시절 일본에 살았던 적이 있다. 비싼 물가에 언제나 주머니는 말라 있었다. 아르바이트는 일찌감치 출근해 모든 일을 마무리하고 퇴근했다. 나의 타임카드는 언제나 기록적이었다. 12시에 출근해 새벽 마감까지 일하는 명단에 내 이름은 항상 올려져 있었다. 사잔올스타즈를 듣고 자전거를 타는 퇴근길은 4월 벚꽃과 아이스크림이 주는 위안으로 충분했다. 가까운 편의점에서 푸딩을 사서 퇴근하는 날은 월급이 들어왔거나 조금 더 힘든 날이었다. 무역업을 시작했을 때도 그랬다. 일산에서 공릉동까지 오토바이를 타고 출퇴근했다. 그때의 캄캄한 새벽과 밤을 기억한다. 조금 더 일찍 출근했고 누구보다 더 늦게 퇴근했다. 소확행이라던가 워라밸이란 말이 유행했을 때도 그랬다. 나에게는 나만의 워라밸이 있고 소확행이 있다. 대체로 어떤 환경에서도 즐길 요소를 발굴하는데에는 소질이 있다. 그래서인지 책방을 하는 지금도 다르지 않다. 오늘도 조금 일찍 나왔다. 아마도 마지막 버스를 탈 것 같다. 날짜 변경선을 주로 버스에서 보내는 셈이다. 듬성듬성 승객이 있는 가운데 버스 창에 기대어 하지 못한 말을 생각하고 내일 할 일을 생각한다. 간혹 책이 많이 팔리기라도 하면 4월 벚꽃과 아이스크림, 푸딩을 생각한다. 나는 그런 퇴근이 너무 좋다.

김삼촌 씨

나무는 잘한다. 뭐든 잘해서 어디에서나 볼 수 있다며, 그들은 모두 아니 거의 대부분 한때 나무였지만. 지금은 나무가 아니다라며, 가짜 나무가 판을 친다고 했다. 팔과 다리가 수십 번 벗겨지고 쪼새지고 갈라지고 토막이 되어 나무가 아닌 다른 삶을 사는 나무도 허다하다며 나무 하는 김삼촌 씨가 오래전 나무였던 지게를 매고 엘리베이터가 없는 5층 아파트를 오르고 있다. 김삼촌 씨는 지게가 나무였을 때부터 나무를 베었다. 영주산 고라니를 쫓다가 발견한 잘생긴 나무를 통으로 베어 일부는 깎아서 지게로 만들고 일부는 기둥을 만들고 평상을 만들고 문짝, 방망이, 그릇과 옷장을 만들었다. 어느 날 경북 안동에 큰불이 나 산이 타고 나무가 타고 봉자네 집이 타고 소가 타고, 부석사 배흘림 기둥은 그을린 기둥이 돼버렸다며 주지 스님의 속이 타들어 가고, 평상과 기둥, 문짝, 방망이 그릇, 옷장은 모조리 탔을 때도 이 지게만은 끄떡없었다며 그것은 무엇과도 대신할 수 없는 자부심이라며 김삼촌 씨는 잘 들어도 알다가도 모를 소리를 끝도 없이 중얼거리며 계단을 오르고 올랐다.

김삼촌 씨는 지게 하나 딸랑 들고 서울로 올라왔다고 한다. 동대문 종합상가에서 지게에 원단을 싣고 날아다닌다고 해서 안동 지게신으로도 통했다. 동대문에서 동대문 다음으로 유명했다며 너스레를 떨기도 했다. 하지만 그것도 옛말. 이제는 그의 팔다리도 말라가는 노목처럼 검고 얇아져 지금은 중고 거래 물품을 날라주는 일로 겨우 생계를 유지하고 있다. 그나마 4월 5일 식목일, 오늘 같은 날은 트럭들이 모두 묘목을 싣고 산으로 빠져나가 김삼촌 씨는 대목이라며 폼나게 지게를 들고 나섰다. 112리터 냉장고 정도는 일도 아니라고 내 튼튼한 지게를 보라며 큰소리 치고 계단을 오르긴 하지만 힘들다. 아파트 창 너머로 벚꽃도 아직 안

피었는데 깊게 패인 김삼촌 씨의 이마 주름에 구슬땀이 안동의 동강처럼 흐른다.

기분 좋은 소비

 준준이가 예쁜 옷을 입고 나타나면 "그 옷 어디서 샀어"하고 묻고, 뭄뭄이 새로운 운동화를 신고 오면 또 묻는다. 순순이 입은 옷이 눈에 들어오면 또 "예쁘다. 어디서 샀어?"하고 묻는다. 나도 쇼핑하고 싶다. 내가 부러운 시선을 거두지 못하는 이유는 그들이 어디서 샀는가가 아니다. 쇼핑 DNA가 나에게 없기 때문이다. 과소비의 문제가 아니라 최소한의 인권 차원에서의 쇼핑을 하지 못하는 것이 문제이다. 나는 그런 쇼핑을 해본 적이 거의 없다. 가끔은 원하는 티셔츠를 사고 싶다. 무인양품, 자라, H&M의 저가 티셔츠를 입고 싶기도 하고, 나이키나 아디다스의 신발을 조금 튀는 색상으로 신어보고 싶다. 하지만 그런 것들은 내가 함부로 지출할 수 있는 금액이 아니다. 어쩌다 아내에게 이런 게 입어 보고 싶다고 하면 어울리지 않는다거나 나이에 어울리는 것을 사야한다는 핀잔을 들어야 한다. 어느 캔버스 운동화를 신어볼까? 하면 그건 발이 아파서 오빠는 못 신어 라고 한다. 가능한 범주 안에서의 탈출 방법이 없다. 그래서인지 쇼핑하는 행위에 관해서는 유독 단념이 빠른 편이다. 나는 쇼핑이란 것을 제대로 해본 적이 없다. 쇼핑을 하지 않다 보니 선택 능력도 떨어진다. 하다못해 식당에서 메뉴를 고르는 일조차도 쉽지 않은 경우가 다반사이다. 그렇기에 겨우 3천 원 정도의 부담 없는 가격으로 아무 쓸모없는 장난감을 사거나, 어느 책방에서 책을 한 권 정도 구입하는 정도도 나에게는 기분 좋은 소비가 된다.

어느새 사월이다. 벚꽃이 날리고 구르고 밟히는 계절이다. 이런 '근방진' 벚꽃들 세상에서 나는 바쁘다. 시간은 뒤를 돌아보는 법이 없고 나는 마감에 쫓기고 있다. 책방 구석에서 30분마다 활주로 소음을 내는 시끄러운 구형 컴퓨터 앞에서 불편한 의자에 앉아 있다 보면 심기가 마냥 불편해진다. 책방을 나와 스트레스를 스트레칭한다. 척추의 비명을 외면하고 고개도 좌우로 털어본다. 유명 파스타집에 줄 서 있는 사람들이 보인다. 벚꽃이 날리고 그림 좋게 앉아 파스타 일품요리를 먹는 사람들에게 쏠리는 질투가 처량해 밖에 오래 머물 수 없다. 다시 책방으로 가 내가 갖고 싶은 것은 무시하고 사람들이 좋아할 만한 책을 고르며 궁시렁거린다. "이 책을 사면 정말 기분 좋을 텐데…."

고소하고 사소해

2024년 4월 17일 오전 9시 10분, 아주 사소한 것들의 기록은 화초를 내놓는 일로 시작했다. 화초에게 광합성을 시키고 물 주는 일은 분명 기분 좋은 일이다. 작은 식물을 위해서뿐만 아니라 나를 위해서이기도 하며, 비좁은 책방의 동선을 확보하기 위해서이기도 하다. 중고 책 상자를 밖에 내놓으면 책방 복도는 한결 쾌적해진다. 진열된 책들의 위치를 바꾸고 책에 덮인 먼지를 털어내는 일도 기분 좋은 일이다. 그리고 음악을 튼다. 음악 선정의 기준은 없지만 너무 좋아서 음악에 마음을 빼앗기지 않도록 하는 것도 중요하다. 음악에 필요 이상의 정을 두지 않기로 한다. 에릭 사티의 가구 음악처럼 의식하지 않기 위한 음악을 틀어 놓고 가볍게 한숨을 쉬는 것이다. 나에게 한숨은 백만 마력의 엔진 같은 것이다. 하루의 무게감에 기다란 기력으로 답답한숨통을 트는 역할을 하는 것이 나의 한숨이다. '한숨은 시원해' 같은 혼잣말을 더 하면 보통 이상의 위안이 된다. 읽어야 할 책을 컴퓨터 책상 주변에 늘어놓고 유튜브의 무의미한 소식들을 소환하며 시간을 보낸다.

창밖에는 철쭉이 절정이다. 진달래로 의심되는 건 거의 대부분 진달래가 아니고 철쭉이라고 했다. 불과 며칠 전만 해도 싹이 안 나 걱정이었던 나뭇가지가 무성한 초록의 외투를 입고 있다. 봄은 봄이다. 보이는 것도 보이지 않는 것도 각자의 할 일이 있다. 나는 그것을 침해할 의도가 조금도 없다. 손톱을 깎았다. 손을 씻고 가방을 뒤져 핸드크림을 찾았다. 무언가 시작하기 위한 강력한 의지이다. 하지만 나는 아직 무엇을 시작할지 모르는 상태일 뿐이다. 이런 타이밍에 기다렸다는 듯이 끼어드는 커피의 영향력은 굉장하다. 우선 커피를 내린다. 커피를 내리는 일에는 집중이 필요하다. 저울을 준비하고, 원두의 양과 물의 온도를 확인하고, 드리퍼에 천천히 물을 내린다. 조그마한 저울의 사각 디스플레이에 늘어나는 숫자를 의식하면서 서른을 세고, 스물을 센다. 아무런 방해를 받지 않고 천천히 마시는 커피의 고소함은 좋은 일이 생길 것만 같은 예감이 든다. 오늘도 무난히 살아낼 것만 같은 맛이 여기에 있다.

아웃복싱

권투에 아웃복싱이라는 용어가 있다. 도망 다니는 것 같지만 상대를 방심하게 만들어 기회를 포착해 일격을 날리는 복싱 기술이다. 약자가 강자를 상대하기에 아웃복싱은 효과적이다. 지금까지 너무 인파이터로 살아온 거 같다. 가진 건 몸뚱이라고 그거 하나만 믿고 달려왔다. 사람들은 인파이터의 화끈한 경기를 좋아하는 경향이 있다. 하지만 이제부터 아웃복싱을 시작할 때가 아닐지 생각다. 조금 지치기도 했다. 동네 책방 9년 차, 책방은 이제 아웃복싱의 전술이 필요하다. 나의 목표는 언제나 책방을 오래오래 하는 것. 전설의 복서 록키는 그저 15라운드까지 일어서 있는 것이 목표였다.

나도 록키처럼 살고 싶다. 록키는 심지어 착하다. 아직 견뎌야 할 게 너무 많지만 그래도 견디는 거 하나는 잘하는 편이다. 도망치듯 견디겠다. 경기가 끝나면 애드리안을 부르는 록키 발보아처럼 떠오르는 사람들의 이름을 부르겠다. 그들에게 멋진 책도 선물하겠다. 타고난 아웃복서로 이름을 남기겠습니다. 록키처럼 착하게.

창과 방패

 진정성을 말하기에 중국집은 어울리는 장소였던가. 짜장면이 맛있다던 너는 인간의 진정성에 대해 이야기하기 시작했다. 진정성이 느껴지지 않는 건 거짓이라고 했다. "너의 입술에 짜장면이 진정성을 방해한 거 알아? 진정성은 연기가 가능해." 내가 이렇게 말했을 때 너의 모습을 봤다. 젓가락 사이에 돌돌 감긴 짜장면이 입 앞에서 정지돼 있었다. 누군가 실수로 정지 버튼을 누른 것처럼.

 레드 와인이 유명하다는 이곳은 망원동에서 조금 떨어진 허름한 중국집이다. 제법 손님이 끊이지 않고 나가는 사람보다 들어오는 사람이 많다. 대부분 젊은 커플이다. 커다란 추가 달린 자명종 시계는 얼굴에 태엽 구멍이 두 개나 있었다. 시간은 조금 전 열 시를 지나갔다.

 너는 조금 전까지 칭찬만 하던 짜장면에 대해 급하게 흥미를 잃어버린 사람처럼 젓가락을 내려놓는다. 나는 너의 그런 모습에 익숙하다. 하지만 꼭 그래야만 했나? 실수를 한 것 같다. 실수한 티를 내지 않기 위해 노력한다. 노력해 보기로 한다.

 진정성 중국집을 나왔다. 스치기만 해도 예쁜 거리를 말없이 걸었다. 너는 나보다 반보 정도 뒤에서 걸었다. 인류 역사상 가장 신경 쓰이는 거리이다. 바람이 시원했다. 한강에서 불어오는 바람이 한강으로 흘러간다. 우리는 바람에 밀려 옹기종기 모여 있는 상가와 주택가를 걸었다. 나는 네가 왜 화났을까를 생각했다. 너는 나를 의심하고 있다. 그 의심은 늘 확신으로 치닫는다. 정말 넌 진정성을 알아내는 영적 능력을 가지고 있나? 아니면 자신의 진정성에 의심을 품지 않는 나에게 경고하는 것일까?

골목을 지나 창문이 많은 건물이 보였다.

그거 알아?
저 창은 방패를 닮았어. 말이 돼?
말이 없던 네가 나를 빤하게 쳐다보며 웃기 시작했다. 나도 따라 웃었다. 우리는 턱뼈가 얼얼하게 웃었다.
상대방의 진정성을 어떻게 확인할 수 있지? 강요하지 말자. 그거 알아서 뭐 하게. 나의 진정성이 너의 거짓을 압도할 거야. 그러니까 너는 거짓말해도 괜찮아. 내가 흔들리지 않을게.

우리는 걷기 위해 만난 사람처럼 걸었다. 너는 사진을 찍었고, 나는 우리의 영화가 끝나지 않길 바라며 나란히 걸었다. 달이 크고 훤하게 떠있는 이 도시가 영원히 존재하길 바랐다.

그다음은 그다음에

 그들의 이름은 문제, 그리고 밤. 문제의 이름은 문제이고 밤은 밤의 이름이다. 비 내리는 밤. 밤하늘을 바라보는 밤은 문제 생각을 했다. 비가 오고, 비가 또 온다. 비가 멈추지 않는다. 비가 오면 문제는 잔기침을 한다. 기침 기침 기침이 멈추지 않는다. 문제는 기침이 계속 나왔다. 비가 오는 만큼 기침 기침 기침. 비가 좀 멈춰야 할 텐데 기침을 하는 문제는 밤이 걱정이었다. 이 비를 맞으며 밤이 온다고 했다. 기침보다 밤이 더 걱정이었다. 이 밤, 밤은 아주 커다란 우산을 들고 나타났다. 지구만 한 우산을 들고 나타난 밤 때문에 비는 보이지 않았다. 우산 속은 별이 반짝반짝했다. 문제는 고개를 들고 끝도 없이 펼쳐진 우산 속 우주를 올려다봤다. 문제는 더 이상 기침을 하지 않았다. 밤의 우산 속에서 문제는 더 이상 기침하는 문제가 아니었다. 마지막 감기약을 먹고 잠이 드는 동안 밤이 바라는 건, 신발을 바르게 신는 것, 설거지가 되어있고, 오늘은 녹차가 맛있다고 말하는 것, 다정한 밤은 일어나 어제 쓴 글을 차분하게 고쳐 쓴다. 어떤 이의 무심함에 주의하며, 그다음은 그다음에.

시트콤에 나오는 길 같지 않아요?

 책방으로 가는 길, 나는 이 길이 참 좋다고 자주 말합니다. 누군가에게는 두 번 말했을지도 모르고 또 누구에게는 세 번 네 번도 말했을 것 같지만 다섯 번이라도 말할 수 있습니다. 화랑대 방면에서 오면 3번 출구를 나와 청소년문화정보센터를 지나고 삼거리 왼쪽, 바네하임을 끼고돌아 쭉 내려오면 책방을 만납니다.

 책방 오른편에는 이 거리의 강자 페페그라노가 있고 왼편에는 역시 이 거리의 강자 바네하임이 있습니다. 책방 지구불시착은 좌바네, 우페페 사이에서 절묘한 위치 선정으로 이곳은 대체!라는 알쏭달쏭한 컨디션을 유지하고 있습니다. 여기는 뭐 하는 곳이냐며 물어오는 사람에게 그냥 "책방입니다."라고 대답합니다.

  책방에 있다가 심심하기라도 하면 산책을 나섭니다. 햇볕이 뜨거우면 아이스크림 할인점에 들려 더위사냥 하나 물고 골목을 천천히 걷습니다. 가끔은 지인 배웅을 핑계 삼아 바네하임까지 걷기도 합니다. 바네하임 언덕에 다다를 즈음 오던 길을 뒤돌아보며 이렇게 말합니다. "여기 시트콤에 나오는 길 같지 않아요? 거리 폭이 답답하지 않고, 사람도 적당히 다니고. 꼭 시트콤 장면 전환할 때 한 번쯤 나오는 거리 같아요." 말하면서 시트콤에 어울리는 BGM을 떠올려 봅니다.

  그곳 바닥에는 종점과 기점이라는 글자가 새겨져 있습니다. 절묘하죠? 지금은 운영하지 않는 마을버스의 흔적이지만 아직도 사명을 다하고 있는 모양입니다. 손님을 배웅하고 기점을 돌아 천천히 내려옵니다.

  예전 육사 아파트가 있던 공사 가림판 위로 시원하게 펼쳐진 하늘을 잠시 동안 주시하며 시력이 조금 나아지길 희망해 봅니다. 집들이 빼곡하지도 않고, 아주 질릴 정도의 규칙적인 배열로 늘어서 있지도 않습니다. 높아야 5, 6층인 다세대 주택이 점점이 놓여있고 조금 더 골목으로 들어가면 이제는 얼마 남지 않은 낮은 담장의 단독 주택이 있어요. 2층으로 오르는 계단과 사람의 얼굴만큼 제각각인 창문들을 볼 수 있는 게 이 거리의 소소한 재미입니다. 이 골목에 바람이 불면, 골목이 시작하는 준효약국부터 삼거리 끝까지 휘리릭 하고 신이 나서 통과하는 것 같아요. 그럼 난 또 바람을 따라 걷습니다. 삼시세끼 덮밥집 아주머니에게 가볍게 목인사를 하기도 하고, 고양이라도 발견하면 어디까지 가나 뒤쫓아가는데 고양이의 몸사림에 결국 포기합니다. 오래된 페인트가 벗겨진 파란 대문과 아무렇게나 세워놓은 자전거에 카메라를 켜고 소소한 사진을 찍어 봅니다. 건물 사이에 나무 한 그루 자세히 들여다보니 감나무입니다. 파란 열매가 조그맣게 매달려 있어요. 올가을에 감 하나 따먹어볼 수 있을지 상상해 봅니다. 그 감나무 아래는 버려진 빨간 소파가 있어요. 먼지가 쌓여 앉을 수 없는 소파지만 소파 대신 반들반들한 평상이 있어도 좋겠다고 생각합니다.

책방 바로 옆 건물은 건물주가 간간이 나타나서 팔과 다리의 옷단을 접고 바닥 청소도 하고, 커다란 화분에 시원하게 물을 뿌립니다. 강남에 살고 좋은 차를 타고 다니는데 열심히 일하는 모습이 보기 좋습니다. 페페그라노는 맛집으로 소문나 사람들이 줄을 서는 곳이에요. 나는 이 골목에 사람이 줄 서있는 모습도 좋아합니다. 햇볕을 피해 삼삼오오 그늘을 찾아든 사람들. 그 사람들이 내게는 희망입니다. 그들이 책방을 발견하고 들어오기라도 하면 좋겠습니다.

꿈속의 매출

정말 날이 더워서였을까? 대부분의 사람은 날이 너무 더워서라고 위로하듯 말했다. 하지만 위로가 되지 않는다. 비가 오면 비가 와서, 연휴는 연휴라서, 날이 너무 좋아서 등 언제나 핑계만 따라다닌다. 그 핑계는 결론처럼 굳어져 버린다.

초여름 6월, 벌써 열대야의 조짐이 보이는데 이는 평년보다 20일 정도가 빠르다는 뉴스를 아침에 들었다. 듣지 말았어야 했나? 인간의 뇌는 생각보다 모질이라서 주위의 말에 쉽게 속기도 한다는데 그렇다면 난 제대로 속고 있는 것일지도 모른다. 모니터의 열기가 평소보다 두세 배 강하게 파고든다. 목덜미에 땀이 흐른다. 호흡이 느려진다. 손가락이 처지고 손목이 아려와서 잠시 키보드에서 손을 떼어냈다. 그리고 손바닥이 보이도록 손목을 뒤집었다. 나의 표정은 마치 어떤 자세를 유지하기 위해 에너지를 0.00001도 쓰지 않는 노련한 요가 선생의 얼굴과 닮았을지도 모른다. 멀어진다 우주가, 멀어진다 전기세, 사라지고 멀어진다 월세….

인기척에 놀라 눈을 뜬다. 잠깐 졸았던 것일까? 주위를 둘러보니 특별한 변화가 있는 것 같지 않다. 이 방에서 유일하게 동적인 선풍기가 가장 높은 곳에서 열심히 일하고 있고, 나는 저러다 한여름이 찾아오기도 전에 지치면 어쩌나 하는 생각을 한다. 턴테이블의 바늘이 제자리로 돌아와 있다. 언제 연주를 끝냈는지, 아무도 들어주는 이가 없어 수줍게 원래 자리로 돌아갔는지 모른다. 시원한 물을 마실까 하다 물컵 아래 놓여 있는 돈을 발견한다. 만 원짜리 서너 장과 천 원짜리 지폐가 놓여있다. 그 옆에 연필로 쓴 엽서를 발견하고 고개를 들어 입구를 살폈다. 문 앞에 아랄리아 나무가 유난히도 흔들리고 있을 뿐이었다.

엽서에는 다음과 같이 쓰여있다.

'많이 피곤하신가 봐요. 책 보러 들어왔다가 한참 둘러보고 갑니다. 책을 꺼내다가 사장님 애장품인가 하는 장식품을 떨어뜨렸어요. 제법 큰 소리가 났는데도 사장님은 잘 주무시고 계셨어요. 떨어진 애장품은 다행히 무사합니다. 제자리에 올려놓아요. 그리고 혹시 몰라 핸드폰도 무음으로 해두었어요. 어떤 소음도 내고 싶지 않았습니다. 잘 주무시고 일어나시면 쉽게 책값을 발견하시도록 물잔 아래 두고 갑니다. 제가 계산한 책은 김은지 시인의 시집 '여름 외투'와 이소연 시인의 신간 시집 '콜리플라워', 그리고 '지구불시착 그림 그리기 팁 초간단 편'입니다. 책 잘 읽겠습니다. 다음에 또 방문해서 사인 부탁해도 될까요? 지구불시착은 전부터 방문해 보고 싶었던 장소였어요. 생각보다 훨씬 좋습니다. 커다란 창에 햇빛이 잘 들어오고, 식물이 잘 자라는 책방이라 더 좋습니다. 요란한 선풍기 소리가 여름 책방의 분위기를 잘 나타내주는 것 같아요. 여름여름여름여름 하면서 결사 항전을 불태우고 있는 전사 같았습니다. 그리고 무엇보다도 사장님의 자는 모습이 어떤 RPG 게임의 방에 들어온 기분이었어요. 절대 깨우지 말라는 미션을 잘 수행하고 갑니다. 지구불시착이라 가능한 신비로운 프로그램을 경험한 기분입니다. 감사합니다. 또 오겠습니다. 아 그리고 냉장고에 푸딩 넣어두었습니다. 맛있게 드세요.'

냉장고에 푸딩을 꺼내 먹으며 오늘은 좀 일찍 퇴근할 생각을 했다. 일과를 마치고 푸딩을 먹는 건 좋은 일이다. 맛있는 푸딩을 먹었으니, 일과를 마무리한다 해도 역시 훌륭한 엔딩일 것이다. 엽서의 여백에 이렇게 적어본다. 6월 15일, 매출 3만 8천원과 푸딩, 그리고 멋진 엽서.

윤미

 윤미가 책방 문을 조심스럽게 열고 들어왔다. 10년이 훨씬 지났는데 나는 그 눈을 기억하고 있다. 그 목소리, 그 웃음이 그대로였다. 세월도 이겨 먹는 윤미가 뉴욕 퀸즈에서 지구불시착까지 왔다. 윤미는 20년 전쯤의 직장 후배였다. 아마 면접도 내가 봤던 것 같다. 윤미는 나와 한 팀으로 일했다. 내가 한 사람을 얼마나 알 수 있겠느냐만은 그 사람의 성심이 꽃과 같은지 철과 같은지는 말할 수 있지 않을까? 윤미는 꽃 같았다. 여리고 여리다 시들고 마는 예쁘기만한 꽃이 아니라, 노지에 피는 들꽃이었다. 어느 바람에도 잘 견디는 무해한 들꽃이었다. 그래서인지 코스모스를 보면 윤미

생각이 나곤 했다. 나는 윤미를 남기고 회사를 나왔다. 얼마 지나지 않아 윤미도 퇴사했고 뉴욕에 가서 억척스럽게 일하며, 공부하고 취직도 했다는 소식과 일본인을 만나 딸 리사를 낳았고, 한국이 그립고, 한국 책이 읽고 싶다고 여러 번에 걸쳐 편지를 보내왔다. 나도 역시 둘째가 태어났고, 회사가 망하고, 책방을 시작했고, 책을 여러 권 냈다고 여러 번에 걸쳐 답장을 보냈다. 윤미는 내가 남산 근처에서 전시를 할 때 한국에 와서 만난 적이 있다. 조금 전처럼 문을 열고 얼굴을 빼쭉 내밀며 웃어 보이던 10여 년 전의 눈매를 기억한다. 하나도 바뀌지 않고 그대로여서 신기했다. 그때는 혼자였는데 이번엔 세 살배기 리사를 유모차에 싣고 왔다. 그 뒤를 토모타라는 일본인이 따라 들어왔다. 토모타는 사진을 찍는다고 했다. 그는 책방에 붙어있는 페터슨의 포스터를 보고 좋아했다. 윤미가 말해주길 책과 사진과 영화에 대한 이야기를 나누다 가까워졌다고 했다. 좋은 사람을 만난 것 같아 나도 기쁘게 토모타를 만날 수 있었다. 윤미는 토모타와 영어로 대화하고 리사와는 한국말로 말했다. 나는 토모타와 간간히 일본어로 이야기했다. 졸리다가도 어느새 일어나 떼를 쓰다가 검을 휘두르고 몬스터를 외치는 리사는 나에게 영어로 몬스터역할을 시켰다. 윤미는 오랜만에 한국 방문을 계획하며 나와 두 시간을 약속했다. 20년 만에 2시간이라니 혹독하게 짧은 시간이지만, 윤미의 분단 위로 계산된 스케줄이었을 것을 생각하면 과분한 시간임에 틀림없다. 회사를 나오고 연락하는 사람은 윤미가 유일했다. 그 말을 하고 나서 윤미는 아직도 연락이 닿는 것에 너무도 감사한다고 했다. 나도 그랬다. 윤미는 나에게 뉴욕이라는 거대한 스케일을 하나의 대명사로 압축시켜 주었다. 그 대명사는 물론 윤미다. 뉴욕은 윤미. 윤미의 존재는 이런 말도 안 되는 일을 자연스럽게 해주었다. 뉴욕에 친구가 있다니. 내 친구가 뉴요커라고 자랑할 수 있게 해줬다.

윤미는 미국에서 읽을 책이 없는데 오늘 벼르고 왔으니 행여나 돈을 깎아줄 생각일랑은 조금도 용서하지 않겠다고 했다. 우린 적당한 선에서 잘 타협했다. 나는 조금 손해를 봐도 윤미를 위해서라면 기쁠 준비가 되어있다. 그건 윤미도 마찬가지였다. 리사는 적응이 빠른 아이였다. 아파트의 작은 모래 공원에서도 잘 놀았다. 윤미는 아이가 신발을 집어던지고 흙을 파고 놀다 자신에게 흙을 뿌려도 옆에 풀썩 주저앉아서 가만히 팔을 내어줄 뿐이었다. 더러운 것이라며 아이를 몰아세우는 엄마들과는 확연히 비교되는 미국 엄마였다.

우리는 이 동네 최고의 맛집 페페그라노에서 파스타를 먹었다. 토모타도 윤미도 맛있다고 했다. 파스타가 줄어들고 우린 헤어질 시간이 됐다. 택시 뒷자리에 윤미와 리사 토모타가 나란히 앉아있는 모습이 오래도록 기억에 남아 있을 것 같다. 사진이라도 찍어둘 것을, 내내 후회했다.

윤미는 내 그림을 보며 뉴욕 아트북 페어에 나오면 좋겠다고 했다. 집이 넓지는 않지만 내어줄 방은 얼마든지 만들어보겠다며 도와주겠다고 했다. 쉬운 일은 아닐 테지만 만약에라도 그런 일이 생긴다면 너무 좋을 것 같다. 그래도 결론은 열어두자 싶어서 웃어 보이는 게 최선이었다. 사실 나는 뉴욕 아트북 페어보다 더 간절하게 원하는 일이 있었다. 리사가 아주 멋진 숙녀가 될 때까지 윤미와 토모타를 계속 볼 수 있기를 바란다.

친구는 오지 않고

 박하경 여행기는 최근 알게 된 드라마다. 직장에서 이런저런 스트레스를 받을 때 박하경은 생각한다. '아~ 사라지고 싶을 때.' 그러면 다음은 버스를 타고 어디론가 향하는 장면이다.

 5월이 끝나는 어느 날 나는 박하경을 흉내내기로 했다. 3100번 광역버스를 타고 내린 곳은 유명하기로 유명한 강남이지만 나에게는 낯설기만 한 곳이다. 보이는 것마다 높고, 깨끗하고 새롭다. 움직이는 사물이 많고 빠르다. 이런 경우에는 동체 시력에 에너지가 몰리기 때문에 허기가 쉽게 찾아온다. 마침, 근처에 동태찌개 맛집이 있다고 했는데……. 하지만 동태찌개를 먹을 확률은 높지 않다. 동태찌개가 먹고 싶다고 입버릇처럼 말하지만, 막상 찾아가는 가게는 냉면, 칼국수, 수제비를 하는 식당이다. 식사를 약속한 사람과 만나면 그 사람은 나에게 "동태찌개 먹고 싶었지?"하고 먹으러 가자고 한다. 그러면 난 끝내 거부하고 냉면을 먹는다. 그러고 하는 말이 동태찌개를 먹으면, 동태찌개를 먹고 싶다고 말할 수가 없잖아! 라고 말하는 것이 예약된 수순이다. 그러나 오늘은 동태찌개를 먹을 생각이다.

근처에 일하는 친구에게 문자를 보냈다. <너만 좋다면 말이지 잠깐 나와서 밥 먹지 않을래?> 답장은 의외로 빨리 왔다. <밥 생각 없는데> 사실 그 친구와 나는 이런 일로 연락할 사이는 아니다. 독립 출판을 하면서 알게 된 사이였다. 3월 마켓 때 옆 부스에서 책을 궁금해하는 손님들에게 차근하게 설명하는 목소리가 좋아서 내가 먼저 말을 걸었다. 그와 친해지는 건 별로 시간이 필요하지 않았다. "헤어지며 조근조근한 눈빛으로 강남에 오면 연락해. 밥 먹자."라며 말을 꺼낸 건

그였다. 대한민국에서 허세로 유명한 말을 나만 진심으로 알아들었을지도 모른다. 문자에는 적당한 이모티콘 하나를 던지고 후회하듯 스마트폰의 화면을 닫았다. 갑자기 미아가 된 기분이었다. 부끄러움 반, 에라 모르겠다의 기분 반이었다. 조금 더 걷기로 했다.

강남은 높은 빌딩과 쭉쭉 뻗은 대로만 있을지 알았는데 골목 골목에는 지붕이 낮은 주택도 있었고 언덕도 많았다. 태양의 고도는 점점 높아져 그림자를 더 납작하게 만들었다. 이제 적당한 카페나 들어갈 생각을 했는데 그 친구로부터 문자가 왔다. <어디야? 맛있는 디저트 카페 있는데 거기 갈까?> 나는 갑자기 기분이 좋아져서 오케이 하는 이모티콘을 보내고 약속을 잡았다. 카페는 이름부터 <언젠가는 좋아질 거야>라는 홍상수 필름의 분위기였다. 조금 불편해 보이는 원목 의자가 옹기종기 모여있고, 외국에서 찍은 이국적인 분위기의 폴라로이드 사진이 곳곳에 붙어있었다. 허회경의 <아무것도 상관없어>가 진공관 오디오의 앰프를 타고 흘러나왔다. 노래라곤 적극적으로 불러본 적도 없던 내가 그 노래를 따라 부르고 있었다.

요즘은 도시가 좋다는 옆 테이블의 이야기가 들려왔

다. 자기의 역할을 스스로 지워 배경이 되길 원한다는 내용의 대화에 귀를 기울이고 고개를 끄덕이며 에드워드 호퍼의 그림이 그려져있는 잡지를 펼쳤다. 친구는 결국 오지 않았다.

기분 좋은 바람

사장님 내일 시간 못 내죠?

지인에게서 문자가 왔다. 나는 사장이다. 사장은 시간이 자유롭고 돈이 많다. 모두가 그런 건 아니다. 나는 그렇지 않은 쪽의 책방 사장이다. 문자를 보내온 건 잔잔이다. 잔잔은 5년 전이었던가? 그보다 더 됐으려나? 책방 사장과 손님으로 만났다. 키가 크고, 손가락이 길다. 옷을 편하게 입는다. 말을 천천히 하고 웃을 때 다소 맹추같이 웃는데 나는 그 웃음이 잔잔의 많은 장점 중에서 서너 번째로 좋다. 또 그녀는 그림을 그린다. 온기가 남은 찐빵과 반짝이는 것, 아슬아슬하게 작은 것, 어디에나 있는 돌, 반려견 복순을 그린다. 잔잔은 책방 지인들에게 인기가 많다. 아마도 잔잔을 싫어하는 사람이 있다면 그가 잘못된 사람일 확률이 높다. 설령 잔잔이 잘못을 한다해도 난 잔잔 편을 들 준비가 되어있다.

갑작스럽게 온 문자에 나는 시간 낼 계획을 세워봤다. 그러나 확답을 줄 수가 없다. 근무 시간을 무시할 수 있는 형편도 못 되는 사장이기 때문이다. 무슨 일인데? 하고 물었더니 가까운 산에 노을 보러 가자고 한다. 요즘 노을은 한순간도 놓치면 아쉬울 정도로 예쁘다. 이게 노을이구나 하면서 고층 빌딩 사이로 붉은 구름 조각 하나라도 붙잡고 싶을 정도다. 노을이 지는 시간은 아주 빠르다. 혀끝에 단맛이 최고조일 때처럼 빠르게 사라지는 게, 내가 조금 잘 살던 시절 같았다. 그 시절로 다시 돌아가고 싶다. 돌아가고 싶다. 돌아갈 수 있다면 좋겠다.

잔잔과 만난 시간은 9시가 거의 다 돼서였다. 봉화산 진입로는 루트가 많아서 길 찾기가 쉽지 않은데 잔잔이 가게 가까이 와줬다. 나란히 걸으면서 잔잔은 걷기와 운동에 관해서 이야기했다. 이동을 목표로 하면 그냥 걷는 것이고, 운동이 되는 걷기는 힘 있게 걸어야

한다고 했다. 간단히 말하면 운동은 운동처럼 걸어야 한다는 말이다. 산은 어느새 다가와 입구를 열고 우리를 마중했다. 잔잔과 나는 빨려 들어가듯 걸었다. 그것이 운동이었는지 땀이 나고, 숨이 거칠어지다가도 시원한 바람이 불면 단번에 회복됐다. 유월 아홉 시면 어둠 속에도 빛이 남아있다. 사실 그 빛은 마음속에서 발하는 빛일지도 모른다. 밤이라면 밤이고 밝다면 밝은 것이다. 우리는 잠시 포장하지 않은 길로 걸었다. 그 길은 가로등도 없고 자연 그대로의 시야로 걸어야 했다. 짙은 바다색 하늘 아래 숲의 나무들은 그림자가 서로 얽혀있었다. 컴컴한 밤의 컬러는 차갑고 투명한 숲길로 만들어져 있다. 숲은 어둠을 계산하지 않는다. 그러나 잔잔은 계산했다. 크로스백에서 헤드랜턴을 꺼내어 불을 밝혔다. 빛이 있으니 한결 걷기에 편해졌다. 잔잔은 계속 길안내를 하며 걸었다. 700m만 오르면 정상이라며 표지판을 가리켰다. 700m는 순간이었다. 잘생긴 데크와 시원한 바람이 힘을 보탰다. 정상에 도착해 정자에 잠시 앉았다가 걷기 운동 전후에 좋다는 체조를 했다. 잔잔이 따라 할 수 있도록 천천히 구령을 붙여줬다. 동작이 어려우면 할 수 있는 만큼만 하라는 말도 해줬다. 이런 다정함이 잔잔의 첫 번째 장점이라고 생각했다. 어깨너비로 발을 벌리고 발꿈치를 여덟 번 천천히 올렸다 내렸다 하기가 종아리에 기분 좋은 열을 가했다.

 전망이 좋은 데크에 몰려있던 사람이 빠져나갔다. 그 자리로 이동한 우린 서울 야경에 한 걸음 더 다가갔다. 저기가 우리 집이야, 저기가 남산, 롯데타워도 보이네, 저기는 성곽길인가? 하면서 야경을 카메라에 담았다. 답답했던 종합소득세 신고 이야기와 가족들의 이야기를 편하게 하며 산에서 내려왔다. 야트막한 봉화산을 오르는 동안 나는 제주 서귀포의 작은 오름 생각을 했다. 시원한 바람 끝에 구름을 뚫고 내려오는 비행기를 가까이서 볼 수 있던 오름이었다. 제주도만큼 좋았던가? 버스에 올라탄 나는 맨 뒤쪽 자리에 앉아 얼얼해진 종아리를 느끼면서 발꿈치 올렸다 내리기를 반복해본다. 버스 창문 너머로 기분 좋은 바람이 불어오던 밤이었다.

2부

어떤 일이든 좋은 일

밤이 깊어졌다. 막차 시간에 맞춰 책방을 나왔다. 버스를 타지 않고 걸었다. 간혹 달리기도 했다.

잠깐의 충만감

　내가 도쿄 신오쿠보에 있을 때 일이다. 25년 전쯤이다. 기억도 가물가물할 정도로 오래된 이야기다. 퓨전 레스토랑 주방에서 일할 때였는데, 새벽 2시가 업무 마감이었다. 밤하늘이 맑아서 도시 불빛이 닿지 않아도 만월이 만들어낸 그림자가 진했다. 일을 끝내고 자전거를 타고 있었다. 혹시 MD라고 알까? MP3로 몰락한 일본의 광학 기술로 만든 미니 디스크 플레이어다. 비싸다. MD 플레이어로 사잔 올스타즈의 싱글 <러브어페어>를 들었다. 난 지금도 그 노래만 들으며 그 시절을 생각하곤 한다. 리듬이 파도를 타는듯 해서 고개를 흔들고 흥얼거리기에 좋은 노래다. 그 시절 쿠와타켄스케도 완전 끝내줬다. 히트곡이 너무 많아서 베스트 앨범만해도 수도 없었다. 아무튼 그날 밤, 사쿠라가 엄청난 봄이었다. 사람들은 모두 하나미 이야기로 시간을 때우는 시기다. 하나미? 하나미는 일본 문화 중에서도 일본인들이 최고로 꼽는 문화이기도 하다. 벚꽃에 유난이라니. 그냥 꽃놀이다. 내리막길을 자전거로 시원하게 달리고 있었다. 사쿠라후유끼가 장관이었다. 새벽바람에 기분 좋게 사잔을 들으면서 내리막을 달리는 기분은 최고였다. 사쿠라 후유끼, 벚꽃 날리는 모양을 사쿠라 후유끼, 눈발에 비유해 그렇게 말하는데 정말 끝내준다. 마침 월급날이었다. 시급이 950엔이었는데 그 시절 950엔이면 우리 돈으로 1,100원 정도다. 내가 항상 일을 제일 많이 했다. 하루 열서너 시간을 일했으니까. 거의 쉬는 날도 없었다. 공부하러 가서 공부보다 일을 많이 해야 학비를 감당할 수 있었다. 모은 월급이 고스란히 학자금으로 나가서 난 항상 가난했다. 주머니엔 170엔, 많을 땐 270엔이 전부였다. 그래서 점심 먹을 땐 학교 아이들이 돌아가면서 밥을 사주곤 했다. 참, 염치도 없다. 내가 그런 사람이었다. 지금도 신세 지고 사는 거는 다르지 않다.

사람 참 변하지 않는다. 그러니까 그때는 뭔가 행복에 겨워 있을 때였다. 장기적인 행복, 그런 거 말고, 순간적인 행복. 잠깐의 충만감 그런 느낌. 그럴 때는 집에 가는 길에 콘비니에 들려서 아, 콘비니는 편의점이다. 일본은 편의점이 정말 많다. 아무리 시골이라도 길가에는 24시간 편의점이 있는데, 밤에는 편의점 불빛에 의지하게 된다. 일정 부분 치안에도 역할을 할 것이라 생각한다. 물건도 많고 깨끗하다. 문구도 있는데 무지루시도 입점해 있어서 깜짝 놀랐다. 아, 무인양품이 무지루시다. 그래서 콘비니에 가면 이것저것 구경도 하다가 집에 들어가는데, 월급날이면 꼭 사는 게 있다. 바로 푸린이다! 푸린은 푸딩이다. 내가 푸딩 좋아하는 거 알까? 푸딩 맛집의 푸딩도 많이 먹어봤지만 난 그 편의점에서 파는 푸딩이 좋았다. 기분 탓이겠지? 아마 그럴 것이다. 월급도 받았고, 봄바람도 적당하고, 사잔올스타즈 러브어페어를 듣고 있으니 말이다. 더할 나위 없는 그런 청춘이었다. 집에 들어가면 난 티비를 제일 먼저 튼다. 이유는 무서워서다. 무서운 건 딱 질색이다. 집에 들어가서 문을 닫는 순간 손잡이가 제일 무섭다. 불을 훤하게 켜고 티비 소리에 적응이 되면 일단 안심한다. 공포 해제, 뭐 그런 거다. 푸딩은 잠시 냉장고에 두고, 샤워를 하고 나와 티비를 보면서 푸딩을 한 입 뜬다. 캬~, 남들은 샤워 후 맥주라고 하는데, 이건 아는 사람만 아는 행복. 행복은 만드는 것이 틀림없다.

어설픈데 이게 되네

비가 많이 왔습니다. 며칠 동안 시간을 가리지 않고 줄줄 새는 물줄기와 격투기를 하듯 지냈습니다. 장소는 천장이었습니다. 고개를 바짝 들고 기둥에 매달려야만 하는 장소는 인간에게 아주 불리한 곳이었습니다. 철물점을 일곱 번이나 오가며 4m나 되는 파이프를 손에 들고 이동하는 진풍경은 아무도 관심 없는 공릉동 기네스북에 오를 만했다고 생각합니다. 길이를 가늠하고 파이프 기둥을 세워 그 위에 물받이를 연결하는 공사를 했습니다. 설계도와 공사 지식 없이 머리에서 그려지는 대로 마치 3원이요 15원이요 하는 암산을 하듯 머리로만 이미지를 그리며 배수로 두 개를 각

각 서가 위와 창가 쪽에 올리고 유속을 고려한 기울기로 물길을 유도했습니다. 마무리 작업으로 철사를 꼬아 배수로가 흔들리지 않도록 했습니다. 결과는 성공적이었습니다. 딱 봐도 어설픈데 이게 되네 하는 말이 저절로 나와 놀랐습니다. 그렇게 말하고 나서 메모를 했습니다.

어설픈데 된다.

어설프지만 꾸역꾸역 지금까지 그렇게 살아왔다는 생각이 떠나질 않습니다. 나는 어설프지만 되는 사람입니다. 희망적인 것 같다가도 불행하다가도 또 그렇게 불행할 이유는 없다는 결론입니다.

며칠을 기둥에 매달렸더니 등근육이 욱신거렸습니다. 자는 것도 실감이 나지 않게 뻗었다가 빗소리를 듣고 허겁지겁 출근하는 일주일이었습니다. 비가 내리지 않는 아침에도 흐린 날을 이유로 안절부절못했습니다. 나는 원래 비를 좋아하는 사람입니다. 하지만 이번 장마는 얄궂기만 합니다. 피곤이 머리끝까지 차올랐다는 몸의 신호를 마음이 좀 알아줬으면 하는 정도로 신체와 영혼이 거리를 두는 현상이 여러 가지 면에서 일어났습니다. 할 일 몇 개를 까먹고 있는데 그게 뭔지 생각날 턱이 없습니다. 그냥 애써 생각해 내려 하지 않는 방법을 택하는 것, 지금의 나에게는 그것이 최선이란 이름의 일관된 변명이었습니다.

 이럴 때는 보상이 필요합니다.

 고기가 적극적으로 먹고 싶었던 건 장담컨대 생을 통틀어 없었습니다. 그런데 시시가 고기 이야기를 하자, 8기통 스포츠카가 액셀을 밟은 것처럼 고기를 먹고 싶다는 생각이 질주하기 시작했습니다. 차차는 무무에게 나는 리리에게 연락했습니다. 거의 다짜고짜 오라는 투에 가깝게.

 차차는 고기 굽는 것에 자신이 있었습니다. 불판에 삼겹살을 올리고 적당히 봐서 뒤집고 자르더니 "이제 먹어도 돼"라고 했고 우리들의 젓가락은 눈앞에 간식을 둔 강아지처럼 달려들었습니다. 된장찌개는 맛있었습니다. 건강한 맛보다 조미료가 빵빵한 맛이 지금의 컨디션에는 인상적입니다. 무무는 식사를 했다고 해서 무무가 고기를 얼마나 먹을지를 두고 내기를 했습니다. 시시는 한 점, 리리는 두 점, 차차는 세 점, 나는 엄청 먹을 걸 예상했습니다. 뒤늦게 도착한 무무는 예상대로 젓가락부터 들었습니다. 그리고 자연스럽게 술도 주문했습니다. 무무는 무엇을 해도 참 자연스럽습니다. 리리는 분위기를 잘 맞춰줍니다. 청하와 소주, 켈리라는 병맥주도 마셨습니다. 처음 보는 맥주인데 맛있어 보였습니다. 우리는 모두 책방에서 만난 사람들입니다. 책방 이외의 장소는 주로 분식집이나, 전시장, 가끔 탁구장, 어느 카페 정도여서 불판에 고기를 올려놓고 잔을 놀리는 풍경은 조금 낯설고 재밌었습니다. 시시와 차차는 책방에서 인연이 돼서 어느새 4년차라고 했고 지구불시착력으로 시시가 직장을 세 번 옮겼던 이야기, 리리의 꽃집 사정과 손을 다치고 웃었던 이야기, 미야자키 하야오의 다큐멘터리 이야기, 지리산 이야기를 했습니다. 차차는 계속 대장 노릇이 하고 싶었던 건지 퇴직 기념이라며 고깃값도 계산했습니다. 그리고 2차로 무무의 작업실로 갔습니다. 나는 잠시 책방으로 돌아와 마감을 하고 나중에 합류하기로 했습니다. 무무의 작업실은 암막커튼을 사이에 두고 친동생 제이제이의 작업실과 나뉘어있는데, 제이제이의 작업실은 음악 하는 친구답게 베이스 기타 여러 대가 서있고 소리의 울림을 잡아주는 원목 가구와 적당한 조명이 어우러졌습니다. 원탁을 둘러앉은 친구들과 반려견이 렘브란트의 빛과 그림자처럼 보였습니다. 무무의 플레이리스트는 분위기를 동그랗게 만들어주는 마법 같았는데 궁금해서 물어보니 타카기 마사카즈란 음악가였습니다. 백색 소음을 멜로디 위에 아주 잘 드레싱한 신비로운 음악이었습니다. 우린 아무 이야기를 해도 즐거웠고 아무런 이야기를 하지 않아도 좋았습니다. 무무의 노견 밤밤까지도 오늘따라 이상할 정도로 컨디션이 좋다고 하는 허술해도 든든한 밤이었습니다.

맥락 없이 활자 중독

 은근히 걸려보고 싶은 증상이 있다. 바로 활자 중독이다. 한때나마 나에게는 활자 중독 비슷한 증상이 있었던 것도 사실이다. 박봉의 월급으로 보상받은 용돈이 5만 원이었던 시절에 나는 그 돈을 아주 유용하게 쓰는 법을 알았다. 사원들에게 요플레 같은 고급 간식을 한 번씩 돌리고, 영화 한 편을 보고, 책을 한 권 살 수 있었다. 그러면 잔돈이 남는데 이 돈은 모았다가 아내에게 주곤 했다. 이때 사 모은 책을 무시할 수 없다. 나는 책을 좋아하는 사람이란 증거이기도 하기 때문이다. 조금 더 돌이켜보니 당시에 나는 지하철에서 나눠주는 무가지를 꼼꼼하게 읽었고, 피트니스나 신축분양 아파트의 전단지, 영화 카피, 누군가의 메모에도 눈길이 머물곤 했다.

휴일에 뭐해요?라는 질문에 공원에서 책 읽어요라고 말하는 지인의 말이 예쁘다. 그렇게 말한 민민은 3일 연속 책방에 와서 책을 고르고 가져온 시집을 읽다가 밑줄을 긋고 또 일어나 서가를 둘러보는 일을 반복했다. 귀여운 모자를 쓰고, 톤이 맞춰진 의상을 입고, 한 손에 책을 받치고, 다른 손으로 책장을 넘길 준비를 하는 그녀는 고개를 왼쪽으로 30도 정도 기울여 집중해서 읽는다.

은근 활자 중독이 있어요.라고 했던 민민의 말이 떠오른 건 버스 정류장에 앉아 6분 남은 1132번을 기다리면서였다. 아무런 맥락 없이, 느닷없이 떠오르는 기억들이 있다. 세계의 비밀이 열리는 순간 인간의 눈을 돌리기 위한 신들의 장난질 일지도 모른다. 아무튼 그런 장난에 휘말려 민민의 활자 중독이 생각난 건 잔소리 같이 내리는 장마철의 출근길이었다.

장마였고 출근길 버스는 비어있었고, 오늘은 별로 할 일이 없고, 민민은 활자 중독이고, 나도 한때는 글을 꼼꼼하게 읽었고, 세계의 비밀 하나를 놓쳤다. 버스 창에 흐르는 빗줄기에 올라탄 상상은 이토록 질서가 존재하지 않는다. 그 무질서의 끝에 나는 오래전 블로그에 올리려다 말았던 짧은 글 하나가 떠올랐다. 역시 맥락이라곤 없다.

오픈 정리를 끝내고, 따뜻한 차를 준비하고, 핸드크림을 정성을 다해 바른 다음 책상에 앉았다. 오래전 썼던 글을 소환한다. 대부분 생각나지 않으니 새로 쓰는 것과 다르지 않다. 그 글은 다음과 같다.

미녀와 6월 장마

이토록 더러운 맛을 보게 될 거라는 생각을 하지 못했다. 누구라도 그랬을 것이다. 역시 겉 모습만 보고 섣부른 판단을 하는 것은 금물이다. 물결치는 머리카락이 목덜미 부근에서 미세한 땀에 의해 소용돌이치듯 말려있다. 가늘고 유난히 맑은 살색의 목은 오랜 시간 공들여 왔던 그녀의 필살기였을지도 모른다. 냉방이 잘 된 책방에서 부드러운 라테를 마실 줄 아는 사람은 미녀였다. 천천히 잔을 내리고 기다란 손가락으로 페이지를 넘긴다. 책의 제목은 버지니아 울프 단편집 블루&그린이다. 표지는 윤슬의 하이라이트가 독자의 시선을 묶어둘 정도로 부드럽고 몽환적이다. 버지니아 울프를 읽는 사람은 두 종류이다. 하나는 자신의 문학 소양의 출발점으로 여기는 타입이고 다른 하나는 버지니아 울프의 문장보다는 6월의 한낮에 고즈넉한 카페에서 라테를 마시며 버지니아 울프를 읽고 있어야만 하는 이유를 셀카와 함께 SNS의 해시태그로 증명하는 타입이다. 사실 나는 버지니아 울프가 문학가이든 인스타그램 중독자이든 어느 쪽이든 관심이 없다. 내가 바라는 건 오로지 그녀의 피였다. 아무도 눈치채지 못하게 조심스럽게 다가가 미인의 목덜미를 물었다.

그리고 지금 불과 1, 2분 전의 일을 후회하며 빛도 없는 구석진 자리에 앉아 구토를 하고 있는 것이다. 정말 더럽고 불길하고 비린 맛이었다. 다 쏟고 나니 배가 홀쭉해진 느낌이다. 움직일 힘도 나지 않았다. 투투둑 갑자기 내린 굵은 빗줄기에 정신이 돌아왔다. 잠깐 졸도한 것 같다. 6월 장마가 시작 됐다. 꿉꿉한 땅 냄새가 박차고 오른다. 나는 이 냄새가 좋다. 올여름에 장마는 상상을 초월할 것이라며 기후 위기를 외치는 기상캐스터를 티브이에서 본 기억이 났다. 그래도 난 장마가 좋다. 거리에 사람들이 일제히 사라졌다. 좋은 현상이다. 사람들은 비를 피할 장소를 찾는다. 그럼 이곳에 사람이 좀 많아질 수도 있다. 기운을 짜내서 다시 책방으로 들어갔다. 어찌나 비위가 상했는지 정상적인 이동이 불가능할 정도였다.

무사히 카페로 들어왔다. 밥맛 떨어지는 재수탱이 여인이 휴대폰의 좋아요 숫자를 확인한다. 그녀의 버지니아 울프는 이제 사망. 사명을 다한 것처럼 엎드려있다. 아무리 천둥 번개가 나대도 이곳 책방은 여전히 사람 없는 것이 특징이다. 역할에 충실한 책방이다. 책방 한구석에 한 사람이 더 있다. 버지니아 울프와는 다른 느낌의 미녀다. 감이 좋다. 좀더 다가가 확인해 보자. 그녀 역시 책을 읽고 있었다. 박준의 시집이다. 우리가 함께 장마를 볼 수도 있습니다를 읽는다. 좋은 시집이다. 취향이 겹친다. 나는 그녀의 목덜미를 향해 온 힘을 다해 날아가 앉았다. 혈관을 향해 촉수를 꽂았다. 달콤했다. 케냐 AAA와 에티오피아 원두를 블랜딩 한 아이스 아메리카노의 향이 더해졌다. 우리들에게는 목숨과 같은 유명한 격언이 있다. 만족할 때 피해라.

나는 잠시 미녀와 사랑에 빠졌던 것 같다. 시원한 음료를 마시고 충분한 포만감이 찾아왔을 때 일격이 날아들었다. 미녀는 손바닥에 묻은 핏덩이를 물티슈로 닦아내며 창문에 흘러내리는 물줄기를 응시했다. 나의 짧은 생애는 6월 장마를 함께한

**미녀와 피를 나눔으로 완성됐다. 만족한
생애였다.**

 글을 다 쓰고 나니 기분이 한결 좋아진다. 완결하면 기분이 좋아지는 것은 글쓰기의 법칙이다.
 할 일이 딱히 없고, 민민은 활자 중독이고, 나도 한때 글을 꼼꼼하게 읽었고, 세계의 비밀 하나를 놓치고, 장맛비는 온종일 조잘대는 너무나 여름인, 화요일 글 하나를 완성했다. 오늘 과연 책을 팔 수 있을까?

비는 여행을 위한 적당한 소품

 아내가 만드는 쿠키는 제법 비즈니스 논리와 멀어서 먹으면 배가 부를 정도로 든든하고 견과류를 아끼지 않는 바람에 일단 맛을 본 사람들 사이에서는 인기가 좋다. 나는 마감 때마다 쿠키의 재고를 파악하곤 했는데 가게에 쿠키가 떨어 진지 2주가 넘어가고 있다. 쿠키 맛을 본 사람이나 소문을 들은 사람에게 쿠키 주문이 가능하냐는 문의를 받기도 한다. 같이 일하는 국순혜 선생님이 가장 아쉬워한다. 쿠키가 며칠째 안 들어오는 이유는 오븐이 고장 나서였다. 아내의 몇 안 되는 낙이 또 하나 지워지는 것이다.

아내는 요즘 걱정이 많다. 책방 수입으로만 감당하기 어려운 대출 융자 폭탄에 직면해 있어 월말이나 월초, 월 중간에 카드값이 빠져나갈 날만 되면 한숨이 늘고 말이 없어진다. 이젠 다소 예민해지기까지 한다. 쿠키를 찾는 손님이 늘었다 하면 누구야? 하며 기쁨을 감추려 해도 티가 나는 얼굴을 했는데 이젠 말해봐도 아무런 대답이 돌아오지 않는다. 오븐이 고장 났다는 말은 몇 번을 묻고 나서야 겨우 돌아온 대답이었다.

그럭저럭 사업이 유지되던, 나의 전성기에 샀던 가전제품들이 이제 하나둘씩, 가끔을 동시에 고장 나기 시작했다. 큰돈이 드는데 돈을 들여서 해결하기엔 수입이 너무 가볍다. 이럴 때는 차라리 기계보다 내가 아팠으면 하는 마음이 생긴다.

월요일 휴일, 아이를 학교에 보내고 아내와 코스트코에서 장을 보고 돌아오는 길 국수를 한 그릇하고 미술학원 시간에 맞춰 아이를 픽업 한다. 저녁을 먹고 청소를 하면 얼추 하루가 지나간다.

그런데 요즘 아내는 내가 집에 있어도 말이 없고, 나간다 해도 반응이 없다. 말로만 듣던 가구 생활이 되어가고 있다. 답답하고 한숨이 더해진다. 나는 가방을 챙겨 일어나 책방에 간다고 하고 집을 나섰다. 책방에서 딱히 할 일도 없다. 어디 갈 데 없을까? 지금의 현실을 잊을 만한 데가 없을까? 생각해 봤지만 마땅히 떠오르는 곳이 없어 맨날 책방이다. 사실 한 가지 생각해 둔 곳도 있다. 순순이라면 만나줄지도 모른다. 순순과 만나면 기분이 좋아진다. 순순은 책방 친구들 중 가장 친한 친구이기도 하고 가장 똘똘하고 늘 계획이 존재한다. 순순을 아는 사람은 모두 순순을 좋아하게 돼 있다. 순순을 만나면 왜인지 큰누나를 만나는 느낌이다. 나이는 내가 아버지 뻘인데, 이야기를 들어주고 조언해 주고 밥도 사준다. 배가 너무 고팠다. 맛있는 게 먹고 싶었다. 혹시나 하는 마음에 순순에게 카톡을 보냈다. 망원으로 나오면 맛있는 거 사준다고 한다. 그럼 난 '정말 갈게' 하고 카톡창을 닫았다. 망원이라면 전철을 타고 책을 보며 이동하기엔 최적의 거리이다. 나는 적당한 책을 골랐다. 여행과 취미에 관련된 책이 있었다. 그리고 김종완의 단상집 하나를 더 골랐다. 결국 김종완의 책을 챙긴 건 신의 한 수였다. 여행과 취미는 정보만 늘어놓은 듯한 책이어서 금방 흥미를 잃었다. 김종완 책을 곰곰이 씹으며 읽다 보니 순순과 만나기로 한 합정까지 순간이었다. 순순이 말해준 대로 8번 출구로 나가니 교보문고가 바로 보였다. 순순은 작업실에서 입는 앞치마를 그대로 두르고 나왔다. 검은색 모자를 쓰고 모마 미술관 에코백을 들고 있었다. 외관으로만 봐도 딱 그림 그리는 사람이었다. 우린 교보문고에서 책을 둘러봤다. 이것도 순순이 짠 코스의 일부였다. 은지의 여름외투가 메인 진열장에 있었다. 김혼비의 책도 김연수의 책도 보였다. 박상영의 신작까지 있었으나 은지의 책탑이 제일 낮았다. 벌써 네댓 권은 팔려나간 것 같았다. 책탑이 낮아진 건 은지의 여름외투가 유일했다. 나는 은지에게 이 소식을 알릴 생각으로 사진 몇 장을 찍었다. 우린 부러웠다. 언젠가 우리들의 책도 이곳에 있기를 바랐다. 베스트 코너를 지나고 보니 표지에 혼을 담은 책 코너가 나왔다. 예술과 디자인의 경계를 둔 책들이 콘셉트를 말해주고 있었다. 나는 그 책들 중 몇 권을 사진에 담아뒀다. 가끔 교보에 나와봐야겠다고 생각했다. 세상에는 책이 너무 많아 베스트셀러로만 승부를 보기엔 무리가 있다. 처음부터 나의 책방 지구불시착은 콘셉트가 있거나 베스트셀러 책을 파는 책방은 아니었다. 이제는 조금이라도 지향성을 가져보면 어떨까 하는 생각이 들었지만 생각이 많아지자 금세 난색을 표한다. 책을 쉽게 내려놓는 것으로.

 책을 좀 더 알아야겠다. 그 정도로 만족하며 교보를 빠져나왔는데 제법 굵은 비가 내리기 시작했다. 비 예보는 없었지만 항상 맞지 않는 게 비 예보니까 나는 당황하지 않았다. 지나가는 비라고 믿었다. 순순은 우산을 살까? 했지만 나는 그냥 맞아도 될 정도라고 생각했다. 우리는 망원 방향으로 조금 빠른 걸음으로 걸었다. 순순의 계획대로 유니짜장에 가기로 했는데 나는 짜장이 아니어도 좋았지만 짜장이라도 좋았다. 거리는 신기할 정도로 재밌었다. 이국적인 간판이 곳곳에 있었다. 나는 멋을 부렸어요 하는 간판이 멋을 안 냈어요 하며 눈길을 끄는데 누가 봐도 멋부린 것을 알 수 있었다. 이런 간판은 하수다. 고수는 왜인지 모르게 멋진 것이다. 뉴욕 같기도 했다가 캘리포니아 같았다가, 어딘지도 모르는 외국 휴양지의 거리 같았다. 순순이 저기가 '푸하하'라고 했다. 크림빵으로 유명한 빵집이다. 크림빵도 크림빵이지만 직관적인 즐거움을 느낄 수 있는 네이밍으로 유명한 빵집은 압도적으로 '푸하하'다. 순순이 말한 중국집은 오늘도 휴일이었다. 얼마전 친구와 어렵게 시간을 맞춰 갔는데 그날도 하필 휴일이어서 못 먹고 다음을 기약했다고 했다. 일부러 영업 시간 검색까지 한 순순은 아쉬워했지만 나는 재밌었다. 순순의 계획은 교보, 지브리 편집샵, 유니짜장, 푸딩으로 마무리되는 듯했다. 그렇지만 비가 내리고 유니짜장은 쉬는 날이었다. 순순은 계획을 세우는 편이고 계획을 세우기 위해 시간이 걸리는 편이다. 나는 계획이 없는 편이고 계획을 세우는데 시간이 필요 없다. 우린 망원시장으로 걸었다. 좁은 골목에 스크램블 교차로가 있고 길 건너편 벽돌 건물 옥상의 간판엔 흰색과 파란색으로 멋을 낸 영문이 쓰여있었다. 영문에 뭐라고 쓰여있는지 관심은 없다. 내가 읽을 수 있는 글은 이상하고 커다랗게 비보호라고 쓰여있는 도로 표지판이었다. 글자도 굉장히 엉성해서 한국말을 하나도 모르는 외국인이 쓴 것 같아 보였다. 한글이 이렇게도 이국적으로 보이는 동네라니. 재미있어 연속해 사진을 찍었다. 배고픔을 볼거리가 이긴 듯이 보였지만 배고픔의 아우성도 상당했다. 순순은 계획에서 벗어난 유니짜장의 태업으로 당황했을 것이다. 내가 좀 도움이 되어야겠다 싶어 바로 보이는 냉면집에 들어가자고 했다. 비도 피해야 하는 이유도 있었다. 순순은 비빔냉면을 나는 수제비 만둣국을 주문했다. 고기만두도 주문했다. 비빔냉면을 뺏어 먹을 거라는 선전포고에도 순순은 얼마든지 내어준다는 듯이 웃어 보였다. 김치와 무생채가 인상적이었다. 가끔 냉면집은 밑반찬으로 승부를 보는 경우가 있는데 딱 그런 케이스였다. 우린 배를 두드리고 나왔는데 비는 여전히 내리고 있었다. 엄청 퍼부을 생각이 없는 비는 망원 여행을 위한 적당한 소품 같았다.

의외로 푸딩은 가까운 곳이었다. 커피는 당연히 내가 산다고 했는데 카카오페이나 계좌이체가 되지 않아 순순의 풀서비스가 돼버렸다. 순순이 주문한 아이스라테를 따라 나도 같은 것으로 주문했다. 그리고 푸딩 하나. 백색의 연유와 커피색의 에스프레소는 시원한 탱고를 추는 것처럼 보였다. 순순이 빨대로 휘젓자 백색과 진한 커피색의 탱고는 끝나고 연한 갈색만 남았다. 순순은 라테를 빨대로 저을 때 기분이 좋다고 했다. 나도 따라 했다. 큰누나를 따라 하는 것처럼.

푸딩을 먹으면서 나와 푸딩의 역사를 이야기했다. 왜 푸딩인가. 사람들은 내가 푸딩을 좋아하는 걸 안다. 일부러 푸딩 맛집에서 푸딩을 사 오기도 하고, 고단한 일이 생기면 배달앱을 통해 보내주기도 한다. 덕분에 맛있다고 하는 푸딩은 두루두루 맛을 봤다. 감사할 일이다. 하지만 내가 푸딩을 좋아하는 일은 맛보다는 루틴에 가깝다. 행복을 맛보는 루틴이다. 사실 그냥 아무 푸딩이면 된다. 싸구려 푸딩이라도 괜찮다. 실제로 푸딩을 좋아하게 된 계기도 일본의 편의점 푸딩이었다. 고단했던 하루의 보상! 알바를 끝내고 집으로 가는 길에 편의점에 들러 아주 저렴한 푸딩 하나를 샀다. 샤워 후 푸딩 한 사발이 가난한 유학생의 더할 나위 없는 눈물과 위안이었다.

순순은 어떻게 그걸 알았는지 말을 더하지도 않고 빼지도 않고, 웃음으로, 마음으로, 내가 좋아하고 떠들 수 있게 길을 내주었다.

망원역에서 다시 전철을 타고 돌아오는 길에 김종완을 꺼내 읽었다. 집으로 갈까 책방으로 갈까?

책방으로 가서 그림 몇 개를 그리고 집으로 갔다. 허무의 공간이었다. 아이들은 잠들어있었다. 또다시 허기가 찾아왔다. 아무것도 하지 않았는데 허기는 참 쉽게 찾아온다. 빵이라도 남았을까 뒤적거리다가 아내에게 뭐 없냐고 물었다. 아내는 저녁 안 먹었냐고 하면서 미역국과 총각김치를 내어줬다. 내가 가장 좋아하는 메뉴 1, 2위가 고기를 넣지 않은 미역국과 총각 김치였다.

구덩이

 가끔 그림 그리는 일로, 어쩌다 글 쓰는 일로 돈을 벌고 있다. 금액이 크던 작던 맹렬한 스피드로 사라져 버리는 것이 돈의 속성 아닐까? 최근에 일어나는 현상은 모두 신기루에 가깝다. 200자 원고지 80매의 청탁은 내용이 아니라 얼마를 받을 수 있는가가 관심사였다. 내가 작업 중인 그림은 증발하는 돈으로 바뀔 뿐이다. 융자라던가, 고지서 같은 것들이 아내에게 발톱을 세운다. 아내의 무거운 한숨이 무쇠 덩어리가 되어 방안을 굴러 다닌다. 그럼 난 서둘러 집을 나온다. 책방에 앉아 컴퓨터를 켜고 그림을 그리다가 지나간 사진을 보다가 유튜브를 보다가…. 매일 똑같은 일을 한다. 태양의 기울어지는 경로를 보다가, 서가의 먼지를 털어내다가, 커피를 마신다. 책방의 일상에 파격이란 없다. 몬스테라에 새잎이 나온 정도가 오늘의 파격이라고 말할 수 있겠다. 말 하는 당근이 오지 않는 날도 파격이라고 할 수 있겠다.

책방에는 모든 걸 흡수하는 작고 컴컴한 보이지 않는 구덩이가 나타나곤 한다. 구덩이는 나의 껍데기만 남긴 체 모든 것을 빼앗아가는 것을 목적으로 하고 있다. 모든 것. 나의 모든 안전, 평화, 계획, 희망 같은 모호한 것과 주머니 속의 만 원짜리 하나와 천 원짜리 몇 장, 쓰려고 하면 사라지는 볼펜, 테이프, 자와 노트, 이런 구체적인 것까지도 사라져 버린다. 잃어버린 것을 굳이 찾지 않는 것이 습관이 되어버렸다. 무엇을 잃어버려도 찾지 않는 버릇이 생겼다는 것을 최근의 무수한 현상으로 인해 인정할 수밖에 없다.

채워지지 않는 보상이 빈방의 출입문처럼 질문의 세계로 이끈다. 오늘은 질문이 너무 많아서 사라지고 싶은 날이다. 저 구덩이는 잔인할 정도로 몸뚱이만 외면한다. 몸은 노동을 해야하기 때문이다. 그래서 몸은 받아들인다 노동의 꿈을. 꾸물거리는 노동을. 그 허무함을 견뎌야한다. 나도 슬슬 일어나 보기로 한다. 꿈틀대는 구덩이의 반대 방향으로 걷기 시작했다.

 해 저문 공릉동의 골목을 걸었다. 거리는 어둠과 빛이 반반씩 섞여있었다. 곳곳에 그림자가 뭉쳐있고 나는 그곳을 지나갈 용기가 나지 않았다. 빛이 가르키는 방향으로 걸었다. 그림자는 멀어져 갔다가 다가온다. 나는 밝은 곳으로만 걸을 수가 없었다. 골목을 지나갈 때마다 빛과 그림자가 스쳤다. 나아가는 길과 지나가는 길은 이란성 쌍둥이일지도 모른다. 하늘과 땅처럼, 콘크리트 아파트와 기와가 내려앉은 단독 주택처럼. 모두 커다란 의미에서 외로워 보였다. 에드워드 호퍼의 그림처럼 손님이 거의 없는 카페만 여러 곳 보였다. 별은 보이지 않고 적당한 바람만 있었다. 나는 바람이 등을 밀면 그대로 밀려 걸었다가 바람이 멈추면 걸음을 멈췄다. 나를 떠받치고 누워있는 구덩이 같던 검은 그림자를 한참 동안 내려다봤다.

익숙하고 낯선 여름밤 계동

옥인동에 사는 오랜 지인의 닉네임은 옥인동 강이다. 나는 그를 옥강이라고 부른다. 이것저것 잘 챙겨주는 스타일로 특히 음식에 관해서는 아끼지 않고 챙겨준다. 맛이 괜찮다는 식당에 가면 머릿수에 상관없이 먹을 수 있을 만큼 대차게 주문해 준다. 언젠가는 내가 좋아하는 푸딩을 사 왔는데, 푸딩으로 유명한 맛집이라면서 일부러 여의도까지 갔다 왔다고 한다. 내가 있는 곳은 공릉동, 옥강이 출발한 곳은 서촌이니 여의도까지 간다는 건 여간 불편한 상황이 아닌데도 불구하고 그것을 해내고 마는 억척스러운 면이 옥강에게는 자연스럽다. 나는 그렇게까지 옥강을 챙겨준 적이 있던가? 부끄러운 일이었다.

 옥강은 그림을 그린다. 수채화와 색연필, 붓과 먹을 사용해 채색한 다양한 패턴의 그림 여러 점을 전시하는 것은 인스타그램을 통해 알고 있었다. 계동의 한옥으로 이사한 갤러리 ghf에서 '창창당의 여름 초대'라는 전시였다. 책방에 발이 묶인 나는 좀처럼 외출이 쉽지 않다는 핑계로 여러 번 그의 전시를 모르는 척했다. 지난 금요일은 옥강의 전시 마감을 하루 앞둔 날이었다. 오기로라도 그동안 옥강의 마음이 고마워서라도 시간을 내어 볼 생각이었다. 급한 마음에 국선생님께 전화를 드렸다. 국선생님은 마을에서 의협심이 가장 돋보이는 선생님이다. 여러 단체의 봉사에도 항상 얼굴을 보이는데 뒤에서 묵묵히 할일을 하시는 분이다. 처음엔 다소 난감한 목소리였는데 괜찮다며 다녀오라고 하신다.

 가방에 해리포터 한 권과 존버거의 풍경들을 넣고 출발했다. 전철에서는 책이 제법 읽힌다. 하지만 존버거의 순서는 돌아오지 않고 해리포터만 마지막 페이지까지 읽었다.

 안국역 3번 출구, 아주 오래전이라면 굉장히 익숙한 곳이다. DSLR 카메라를 들고 원서동과 계동 삼청동 북촌을 여러 번 돌아다녔고, 주말이면 아이들을 데리고 가벼운 산책과 외식을 즐기던 곳이었다. 10여 년 전의 일이다. 계동 길의 원형은 그대로였지만 촘촘한 가게들의 일면은 거의 새롭게 바뀌어 있었다. 큰 비가 지나간 다음날 하늘에는 하얀 구름이 떠다니고 선선한 바람이 불었다. 멀리 보이는 남산 타워 꼭대기엔 이미 달이 차올랐음에도 계동의 하늘은 단단하게 코팅된 것처럼 빛나는 푸른색이었다. 휴대폰 카메라를 켜고 남산, 달, 구름, 골목의 풍경을 찍고 갤러리를 향하는 걸음은 바빴다. 종로 ghf이후 계동 ghf는 처음이지만 나의 촉은 익숙하고 낯선 곳까지 자석처럼 이끌렸다. 어려움 없이 갤러리를 찾을 수 있었다.

 적당한 거리감에 익숙한 안성맞춤의 모습으로 갤러리는 이질감 하나 없이 자리 잡고 있었다. 탐이 날 정도로 예쁘고 작은 아크릴 간판에는 ghfART라고 쓰여있었고. 그 아래 입구는 시원하게 열려있었다. 눈에 가장 먼저 보인 것은 이제 작가님이었다. 이제 작가님은 드로잉 그룹 월간 잡초의 리더이자 편집장으로 잡초 멤버들의 전시는 빠지지 않고 모습을 드러낸다. 잡초 멤버의 중축인 옥강의 자리에서 이제 작가를 만난다는 건 예상 가능한 범위었다. 이제 작가님이 반갑게 맞아줬다. 그녀의 잔잔한 에너지 파장이 아주 조금 출렁인 정도였지만 그래도 충분히 반가웠다. 그리고 딜러님이 보였고 손님들에게 그림 설명을 하고 있었다. 예상보다 작은 공간이었지만 작품을 전시하기에는 알찬 공간이었다. 잠시 그림을 둘러볼 여유도 없이 옥강이 지인과 식사를 하고 돌아왔다. 조용한 갤러리는 어느새 활력이 차올랐다. 옥강은 수제 맥주 세 병과 뻥튀기를 들고 왔다. 그리곤 "택수 밥 먹었어? 멕여보네야 하는데."라는 식량 보충의 의무감을 보인다. 옥강은 왜 나만 보면 먹이려 하는지 모르겠다. 출발 전에 도시락을 충분히 먹었다고 했다. 실제로 그랬기에 별다른 식욕은 없었다.

한옥 기와 지붕 아래 4인용 식탁을 6명이 둘러앉아 이런저런 수다를 떨다 보니 시간이 빨리 지나갔다.

불청객 모기 한 마리가 대단한 활약을 했다. 전기 모기채를 들고 있던 딜러님이 테니스 선수를 닮았다는 말에 모두 크게 웃었다. 그의 복장이 하얀 폴라티셔츠와 반바지였다. 얼핏 보면 모기 잡는 대회에 출전한 테니스 선수임에 틀림없었다. 하지만 그의 점수는 러브였다. 내가 앉은 바로 옆에는 옥강의 대표작이 걸려있었다. 직사각형을 여러 개 붙인 패턴의 그림인데 크기는 4절보다 큰 것 같았다. 직선으로 반듯하게 그은 대지 위에 먹과 색연필 수채화로 채색이 되어있다. 칸마다 이름이 쓰여있고 그 위를 또다시 같은 색으로 더했다. 옥강은 어떤 지인들 느낌을 색으로 채워났다고 한다. 연한 보라색에 미하의 이름이 보였다. 그림은 백만원을 넘었던 것으로 기억한다. 그림의 이름은 잊어버렸다. 나는 작품을 살 여유가 없어 미안한 마음이 더했다. 흥정도 할 수 없었다. 그림은 마치 조선 사대부의 혼숫감 같은 전통적인 느낌마저 들었다.

  갤러리를 나와서 이제 작가님과 옥강, 나는 계동의 골목을 걸었다. 상점들 대부분은 불이 꺼져있었고 외국인 관광객들이 간간히 우리들의 그림자와 얽혔다가 풀어졌다. 돌아오는 길이 아쉬워 조금 늦은 시간까지 열려있는 카페에 들어갔다. 어니언이라는 카페였는데 인테리어가 어마어마한 핫플레이스 카페였다. 나는 여기서 여러 장의 사진을 찍었는데 갤러리에서보다 더 많이 찍은 것 같아 미안한 감정으로 휴대폰을 가방 깊숙하게 밀어 넣었다.

 점원이 폐점 시간을 알리고 돌아갔다. 우리는 카페를 나와 달빛을 향해 걸었다. 길 건너 버스 정류장과 타고 가야 할 버스를 알려주는 옥강의 말을 마음에 담고 버스에 올라탔다. 가방에서 조금 전에 밀어 넣었던 스마트폰을 다시 꺼내는데 가방 안에는 예쁘게 포장된 어니언의 빵 봉투가 있다. 집에 가져가서 가족들과 먹으라며 챙겨준 옥강의 얼굴이 잊히지 않는 금요일 밤이었다.

어떤 날

 딱히 할 일이 없이 출근했다. 어제도 그랬다. 아무 것도 아닌 날에 익숙해진다. 오전에는 평소보다 가볍게 청소를 했다. 며칠 전에 불편해 보이는 것들을 몽땅 정리했다. 그것들은 또 순식간에 자리를 차지한다. 얼마 지나지도 않았는데 벌써 책상 주변이 어수선하다. 며칠은 두고 볼 생각이다. 커피를 마시며 유튜브를 보는 일도 매일 똑같다. 유튜브 알고리즘에는 서서히 질리고 있다. 그러나 딱히 유튜브의 대안도 없다. 우주소년 아톰의 플로토 이야기는 재밌다. 은하철도 999의 메텔은 충격적이었고, 에어리어 88은 지금 봐도 멋있다. 신진서의 바둑은 역시 강하고, 조훈현의 응씨배

5번 국 이야기라던가, 이창호의 두터움 바둑, 이세돌의 축머리 묘수는 대단히 재밌다. 알파고와의 제4국에서 신의 한 수라는 78수를 본 해설자들의 탄성은 지금도 꽤 좋아하는 장면이다. 정치는 하루가 멀게 흑색이고, 손흥민과 김하성의 스포츠를 보다 보면 유튜브 알고리즘 한 바퀴를 돈 것이다. 자세는 말할 수 없이 흐트러져있다. 컴퓨터를 잠자기 모드로 해두고 일어나서 화초에 물을 주고, 입고된 책을 조금 읽어 보거나, 그림을 그리는 것으로 책방의 오전은 끝난다. 오후에도 같은 일을 반복했다. 책방의 시간은 오묘하게 흐른다. 손님은 거의 없고 책은 하루 한 권도 겨우 팔릴까 말까 한다. 책이 팔리면 만세를 부르고 싶어 진다. 오늘은 만세를 3번 불렀다. 이대로 괜찮을까? 다가오는 미래를 예측이라도 할 것 같지만 또 유튜브를 본다. 정말 이대로 괜찮을까? 책방 8년 차에게 이런 일은 예사에 가깝다. 오늘도 아내와의 카톡창이 어지럽다. 돈에 관련한 이야기만 하면 우리는 비극으로 치닫는 드라마의 주인공이다.

책방에 앉아 내가 떠날 수 있는 최대치의 여행을 상

상해 본다. 고개를 조금 오른쪽으로 돌리면 편의점이 보인다. 그곳에라도 갔다 와야 할까? 기대는 모두 버리고 운동화를 신었다. 불안은 이제 그만, 횡단보도를 건너며 스치는 사람들의 표정을 봤다. 열에 여덟은 최면에 걸린 듯 표정이 없었다. 몇몇은 우산을 쓰기도 하고 말아서 들고 있는 사람도 보였다. 대부분의 땅은 젖어있었다. 비는 내린다고 하기도 그렇고 안 온다고 하기도 그랬다.

내가 가는 길은 사람들의 반대방향이었다. 의도하지 않았다. 나는 점점 어두워지는 어느 골목을 향해 걸었다. 점점 깊어지고 어두워졌다. 시력과 청력이 교차되는 지점에서 걸음을 멈추었다. 불규칙하게 양철 지붕을 때리는 빗소리, 배수로를 타고 흐르는 물소리는 어느 계곡을 연상케 할 정도로 쩌렁쩌렁했다. 불빛이 닿지 않는 골목의 끝과 골목의 입구를 번갈아 봤다. 나는 어느 도로의 혈관에 서 있다. 동맥보다는 정맥에 가깝다. 부패한 냄새로 알 수 있다. 썩은 내가 몸에 달라붙는 걸 느낀다. 발길을 돌려 골목을 빠져나왔다. 사방 어디를 봐도 낮은 담벼락 뒤로 백남준의 비디오 아트

같은 아파트 불빛이 보였다. 여느 때보다 높고 멀게 느껴졌다. 돌아오는 길 미용실의 풍경을 카메라에 담았다. 손님은 한 명. 아마 마지막 손님일 것이다. 그들은 모두 만족한 얼굴을 하고 있었다. 나는 잠시 걸음을 멈췄다가 책방으로 돌아간다. 모든 길은 다시 책방으로 연결된다. 책방은 나의 심장, 길은 나의 혈관. 잠시 쉬었다 집으로 가야지.

이랑의 삐이삐이를 흥얼거리며 내가 갈 곳으로 걸었다. 비는 완전히 그쳤다. 달은 보이지 않지만 아주 가깝게 느껴졌다. 반드시 어딘가에 떠 있다. 그것은 과학이 아니라 믿음의 영역이었다. 뭐 하나라도 예상을 벗어나지 않았으면하는 마음이 만들어낸 신념이었다.

여행의 시스템 2

오전 8시 호텔을 나왔다. 단지 이곳이 낯설다는 이유로 뭔가 특별함을 기대했을지 모른다. 영화에서처럼 단팥빵으로 일생을 살아온 장인의 빵집이 있다거나, 아지트 같은 카페에는 레코드 음색에 어우러진 빛바랜 갈색 테이블, 각설탕과 티스푼, 푸른색의 장미넝쿨이 그려진 찻잔이 있고 그 앞에 주간 신문 스포츠면을 읽는 중년이 있을 것만 같은 장소를 발견해도 좋겠다. 고즈넉한 책방과 무심한 책방 주인, 자기주장이 강한 고양이 한 마리쯤 마주칠 줄 알았다. 소문에 의하면 이곳은 주민 복지가 잘된 지방 소도시로 사람들은 이외로 돈이 많다고 했다. 가볍게 동네를 걷다 보면 카페 하나쯤 나올 분위기의 거리였다. 길은 지방 도시 답지 않게 곧게 정방형으로 정비되어 있고 집들은 낮은 담과 정원이 보이는 전원주택이 늘어서 있다. 포도 향이 바람에 실려있다. 어느 집인가 틀림없이 포도 넝쿨이 있을 거야 하면 포도송이가 늘어진 정원이 나왔다. 강아지 한 마리가 수상한 불청객이 사라질 때까지 지켜보는 것을 등으로도 느낄 수 있었다. 아침 8시가 조금 넘었을 뿐인데 땀이 나기 시작했다. 카페 하나쯤은 있을 것도 같은데 도통 보이지 않았다. 그럴 만도 했던 건 이 도시에서 움직이는 것은 나와 하늘에 떠있는 대형 애드벌룬 뿐이었다. 이 낯선 도시를 제대로 즐기지 못하고 있다는 확신이 들기 시작했다. 그것은 내 안에 아무것도 아니었던 불안을 점점 키웠다. 아마도 잘 짜인 각본의 드라마를 기대한 대가 일지도 모른다. 산책은 그저 산책일 때 좋았던 것을 이리도 쉽게 까먹는다.

9시 30분부터 시작되어 오후 5시까지의 일정을 무리 없이 마친 후 다시 혼자만의 여행을 시작했다. 지난밤에 비가 내려서인지 하늘의 푸른색과 구름, 산의 초록은 저무는 태양의 색과 어우러져 채도를 높이고 있었다.

 시외버스 터미널 야외 벤치에 앉아 몇 장의 사진을 찍었다. 군인의 도시답게 곳곳에 군복이 보였고 그들은 모두 이별을 준비하고 있었다. 군인은 여인을 뒤로하고 버스에 올라탔다. 뒤쪽 창가에 자리를 잡고 창문을 열었다. 여인에게 눈길을 한 번 주고, 먼 곳을 보고, 다시 여인을 바라본다. 캐주얼한 후드 점퍼를 입고 야구 모자를 쓴 여인은 휴대폰을 한 번 보고, 떠나는 군인을 보고, 다시 휴대폰을 본다. 그들의 시선은 한 번도 교차하지 못했다. 이별 버스 앞에서 그들은 서로에게 눈을 마주치지 못한 채 무사와 안녕을 기도하고 있었다. 출발이 예정된 버스의 시간은 냉정했다. 군부대를 지나는 버스는 이런 장면이 익숙하기 때문이다. 노을이 머무는 지방 도시의 하늘은 멋진 그림을 수놓았지만 허름한 터미널에서 일어나는 사랑의 감정은 아프고 애절하게 아름다웠다.

 이곳에 한껏 멋을 부린 카페와 사람들로 붐비는 맛집, 또는 흔한 관광지의 뷰포인트가 하나도 없는 이유를 내 나름의 이론에 맞춰가며 멀어져가는 버스에서 시선을 거두었다. 또 다른 시외버스가 들어오고 사람들이 줄을 서기 시작했다. 이제 내가 떠날 차례가 됐다.

나의 소원은 수필

새해가 밝았고 1월이 나흘이나 지났다. 피천득 선생님은 신춘을 말하며 1월은 봄이라 했다. 선생님의 그런 마음이 부럽다. 책방은 오후의 빛이 가득 차 있다. 때를 놓치지 않고 지인에게 쓸 편지지를 꺼내본다. 바로 지금 편지를 쓰겠다고 생각한 이유는 햇빛에 너울거리는 나무 그림자가 좋아서, 손님이 드물어서, 들려오는 재즈가 사뿐사뿐해서, 그리고 무엇보다도 피천득의 인연을 읽고 있었기 때문이다. 인연은 누가 뭐래도 내 맘속 베스트 오브 베스트. 두 번째 좋아하는 책은 수시로 바뀔 수도 있지만, 이 책만은 최고로 좋아하는 책으로 이미 오래전부터 정해놓았다. 구매도 내가 기억하는 회수만 6, 7회가 넘는다. 가방 속에, 책방에, 여기저기 두었다가 좋아하는 사람을 만나면 선물로 주곤 했다. 바로 어제도 알라딘에 가서 책이 보이길래 바구니에 담았다. 계산대의 직원이 "이 책은 전에도 구입하셨는데 또 구입하세요?"라고 묻길래 망설임 없이 "네"라고 했다. 물론 지난번 구매 때에도 똑같은 대화를 했다. 아, 오디오 앱도 있다. 그런데 오디오는 잘 듣지 않는다. 역시 종이다. 수필에는 선생이 집 화병에 꽂아두려고 장미 일곱 송이를 샀다가 집에 오는 길에 장미를 모두 나눠주는 일화가 있다. 나도 반가운 친구들에게 이 책을 한 권씩 선물하기를 좋아한다. 그들이 책을 읽건 말건 내어주는 기쁨을 느끼게 해 준 책이다. 인연 나눔을 계속해보는 것도 아름다운 일이라 생각이 들었다.

나는 요즘 기쁨을 누린다는 것에 심각할 정도로 소원해지고 있다. 늙어가고 있음을 느낀다. 사람은 언제 늙는가에 관하여 이야기하면 나이가 먼저 떠오르지만, 나이만으로 늙음을 짐작하기엔 무리가 있다. 외형으로 어림잡아 나이를 가늠해 보는 것, 그 어떤 나이로 보인다고 해서 할아버지, 아저씨, 아줌마로 부르는 것도 기분 좋은 일은 아닐 것이다. 늙어가고 있음을 느낀다는 것은 다른 의미로 흥미를 잃어간다는 말일지도 모른다. 안타까운 일이다. 흥미로움이 하나씩 멀어지고 바라는 일도 대수로운 게 없을 때 나의 소원은 수필이 된다. 만약 나에게 귀중한 보물을 담는 보관함이 있다면, 바로 이 순간을 고스란히 담아 넣어보겠다. 그리고 그 보관함에는 이렇게 메모를 적어 함께 넣어 두겠다. 빛여울, 재즈, 수필집 인연과 편지.

나이가 몇이라서 하는 이야기가 아니라고 출근 버스 창에 기대어 일렁이는 햇살을 받으며 생각했다. 여느 때 같으면 버스 와이파이에 의지해 유튜브나 릴스에 집착했겠지만 오늘은 공공 버스 와이파이가 먹통이다. 스마트폰을 내려 놓고 창밖을 응시했다. 사람들과 나무, 아파트와 상가가 지나간다. 나는 또 지나가는 것들에 관해 관심이 없다는 것을 깨닫게 됐다. 그러고 보니 많은 것들이 지나가고 있다. 무엇보다도 시간과 계절이 눈코 뜰 새 없이 지나간다.

새로운 달력을 걸었고, 해리포터도 다 읽었다. 하나가 지나가면 그만큼 커다란 공백이 남는 것을 알았다. 그리고 그 공백이 채워지기까지 꽤 긴 시간이 걸린다. 오늘 내 공백을 채울 수 있는 건 뭐가 있더라. 몬스테라 분갈이, 창고 정리, 포스터 재고 파악하기, 물을 더 많이 마시기, 그렇게 조금 더 열심히 피천득의 수필처럼 지나간 세월의 공백을 메워보기로 했다. 편지를 다 쓰고 지인의 이름이 적힌 봉투를 밀봉했다. 버스 창에 기대었던 표정과 같은 얼굴로 모니터를 한참 응시하다가 한숨을 길게 걸러내고 모니터의 화면을 닫았다. 책이라도 읽으려 했을 때쯤 택배가 왔다. 어제 주문한 책이었다. 좋아하는 최민자의 수필과 아고타 크리스토프의 책, 무라카미 하루끼의 책이 왔다. 그것은 오늘 하루의 좋은 일이다.

계동 달님에게

　요즘은 계동이 좋다. 사실은 며칠 전부터 계동에 갈 생각으로 가득했다. 지난번 지인 옥인동강의 전시로 오랜만에 계동에 다녀온 적이 있다. 낮달이 선명했던 8월이었다. 나는 대부분의 시간이 책방에서 사라지고, 책방이 아닌 시간은 집에서 흘려보낸다. 외출의 기회가 흔하지 않은 이유로 약간의 거리에도 불구하고 여행이란 감성이 딱하고 달라붙곤 한다. 여행은 계동에 도착해서부터가 시작이 아니다. 약속이 잡힌 이후부터, 가방을 꾸리는 순간에도, 전철을 타는 순간도 설렘은 이어진다.

잔잔은 그림을 그린다. 나는 잔잔의 그림을 볼 때마다 시간을 느낀다. 손에 쥔 컵을 내려놓는 속도처럼 느리게, 테이블과 잔이 접촉하는 기다림처럼 다정하게, 아주 은은하고 충분히 내밀한 감각이 스며있다. 나 말고도 잔잔의 그림을 좋아하는 사람은 여럿 있다. 갤러리 골든핸즈프렌즈의 딜러도 잔잔의 그림을 오랫동안 눈여겨 온 관계이다. 골든핸즈프렌즈는 올해 초 계동 한옥에 창창당이라는 갤러리를 새롭게 오픈해 작가 초대전을 이어가고 있다. 옥인동강에 이어 잔잔이 창창당 갤러리에서 초대전을 하게 되었다.

오늘은 전시 오프닝을 겸해 간단한 다과를 준비하고 잔잔한 이야기를 나누는 찐빵토그가 있는 날이다. 며칠 전 잔잔은 오프닝에 대한 아이디어를 내놓으라며 빌려간 이야기를 받으러 온 사람처럼 책방에 찾아왔었다. 나는 이런저런 말을 막 던졌는데, 그것이 잔잔의 아이디어와 결합해 찐빵 토크가 됐다. 오프닝 행사를 전시 시작일이 아닌 내가 쉬는 월요일로 잡은 이유도 나를 토크에 섞으려는 잔잔의 계획이었다. 그리하여 지금 난 계동으로 향하고 있다.

그곳에는 지금 내가 좋아하는 사람들이 가득 있을 것이다. 책방에서 만난 사람들, 그림으로 만난 사람들, 친구, 친구의 친구. 잘 알지 못하더라도 아는 만큼 좋은 사람들이 찐빵 토크를 위해 모인다. 잔잔의 그림을 보기 위해, 잔잔이 주눅 들지 않게 하기 위해, 잔잔을 좋아한다는 것을 증명하기 위해 모인 사람들이 창창당 갤러리에 오기종기 모여있을 것이다. 계동 골목길을 따라 올라가니 군데군데 가게마다 전시 포스터가 보인다. 모두 알지 못하는 가게지만 포스터 한 장 붙어 있는 것만으로도 반가움이 더 한다.

세세히 들여다보면 세련된 가게가 늘었다. 도로에는 촛불을 켜둔 것처럼 빛나는 노란색의 LED라이트가 사람을 유혹한다. 골목은 세월의 발자국을 지우고 관광객 무드에 어울리는 거리에 적응하고 있었다. 다행히 골목의 원형은 내가 알던 시점으로부터 대부분 그대로였다. 덕분에 오른쪽으로 넘어가면 원서동, 왼쪽은 북촌 하면서 머릿속에서 지도가 그려졌다.

태양빛이 물러난 거리는 짙은 어둠으로 채워지고 푸른 하늘과 명도차이가 극명하게 드러난다. 이 명도차이로 인해 10월의 가을은 해 저무는 시간이 일품이다. 새파란 하늘 아래 어두운 거리를 밝히는 조명과 간판이 할 일을 시작하면 지나는 사람은 모두 푸근한 불빛의 처마 밑으로 들어가 저마다의 이야기를 써 내려간다. 계동은 밤이 깊어도 사람들의 소곤소곤한 이야기가 끊이지 않는 마을일 것이다. 천장이 낮은 조그만 입구를 통해 윤슬 그림이 먼저 보이고 차례로 반가운 얼굴들이 하나씩 나타났다. 슈슈, 시시, 미기였다.

인사를 나누고 잠깐 산책 겸 계동길을 걸었다. 나에게는 한 평도 허락하지 않는 부러운 가게들이 많았다. 질투가 나서 갤러리로 돌아와 잠깐 벽에 기대선 우리 일행은 잠깐이나마 계동에서 가장 유쾌한 사람들이 된다. 우리가 일렬로 늘어선 모습이 지나가는 사람의 눈길에는 예사롭지 않게 보였을 것이다. 전시를 보고 나온 사람도, 무슨 일인지 골목을 들어온 사람도 늘어선 줄이 페이크인지 알면서도 열에 가담하기 시작했다. 우리가 만들어낸 우연이 골목에서 웃음으로 피어올랐다. 웃음을 따라 올려본 하늘은 유난히도 맑고 청량해 시력이 닿는 곳은 우주의 속살이 아닐까 하는 신비로운 거리감이 느껴졌다.

 조그마한 마당 한가운데 테이블을 두고 열댓 명이 조밀조밀 꽉 차게 앉았다. 잔잔은 준비한 4절 크기의 도화지를 펼치고 나를 앞으로 불렀다. 나의 역할은 거치대였다. 잔잔스 브리핑이 시작됐다. 잔잔이 좋아하는 글과 시를 읽고, 싫어하는 상황과 모두가 조심해야 하는 에티켓을 이야기했다. 백미는 작품과 참석자의 일대일 그림 매칭 시간이었다. 나는 전시 제목이기도 한 오래오래 그림과 매칭되었다. 잔잔은 서로 편지를 주고받으며 오래오래란 말이 공통적으로 들어가 있었다고 설명했다. 나는 책방을 오래오래 하고 싶다는 쓴 기억은 나는데 잔잔의 오래오래는 무엇이었는지 기억이 나지 않아 부끄러웠다. 잔잔은 모든 참가자에게 자신의 그림을 설명한 후 매칭을 성사시켰다. 제법 순발력도 필요해서 걱정이었는데 설명은 무난을 넘어 모두를 만족시켰다. 찐빵처럼 따뜻한 토크였다. 도화지 맨 뒷장 뒷면에는 스페셜 땡큐 택수 사장님이라고 쓰여있었다. 그건 거치대를 수행하는 나만 보였다. 나는 맨 뒷장의 뒷면이 보이지 않도록 토크의 뒷마무리를 서둘렀는데 아무도 알아차리지 못해서 아쉽기도 하고 다행이기도 했다.

찐빵과 맥주, 호두 어리, 휘낭시에와 수제 쿠키를 먹었다. 그리고 분위기에 취했다. 골목을 빠져나오는 무리는 둘로 쪼개졌다. 달달과 시시, 미기와 슈슈, 나는 헤어짐이 아쉬워 어니언이라는 한옥 카페에서 커피를 마셨다. 기와지붕아래서 넓은 툇마루에 방석을 깔고 앉아 허한 하늘을 혼자 다 쓰고 있는 달을 바라봤다. 아름답고 아무런 걱정이 없는 달은 누군가가 아닌 모두의 얼굴을 합쳐놓은 것처럼 보였다. 그 달을 보고 나는 뜬금없이 싸늘한 개그를 던졌다.

"너네들 달에 힘이 생기면 뭔지 알아?"
...
"달력"

누군가 기발하다고 했는데 잘 듣지 못했다. 아마도

슈슈일 것이다. 슈슈는 어떤 상황에서도 최선의 대답을 찾아준다. 사려가 깊다. 그 마음이 고맙다.

 무리가 있었는데도 누구 하나 뭐라 하지 않는 이 친구들과 함께 오래오래 머물고 싶다고 달에게 기도했다. 달은 아무 대답도 없이 장애물 없는 밤하늘을 조금씩 이동했다. 왠지 놀리는 것 같기도 하고 기도를 들어줄 것 같기도 했다.

택수

  지난 월요일은 택수의 생일이었다. 대한민국 나이의 기준이 바뀐 이후로 몇 번째 생일이라고 말하기가 영 귀찮아진 택수는 몇 번째를 생략하고 그냥 생일이라고만 썼다. 그 편이 훨씬 간단했다. 글을 쓰고 나서 시간을 확인했다. pm 5시, 해가 빌딩 아래로 기울자 도시의 온기는 빠르게 식어갔다. 책방 앞을 지나는 사람도 눈에 띄게 줄었다. 택수는 대출이 많다. 월말이면 대출, 융자 등의 협박성 문자 폭탄에 정신을 차릴 수 없을 정도였다. 오늘은 국가로부터 '압류'라는 새로운 스타일의 문자를 받았다. 한숨과 동시에 고개를 들어 창밖을 바라봤다. 나뭇잎이 우수수 떨어진다. 저게 모두

돈이었으면 좋겠다고 생각하며 푸딩을 먹었다. 택수에게는 항상 푸딩이 있다. 책 소개에 푸딩을 좋아한다는 글을 쓴 이후, 생일이 다가오면 푸딩이 쌓인다. 지난밤 두 개 먹고 오늘 아침에 하나 먹고 아직 냉장고에 4개가 더 있다. 대한민국에서 택수만큼 푸딩을 많이 먹는 사람도 흔하지 않을 것이다. 푸딩을 한 입 먹고 또 한숨을 쉬었다.

 택수는 한숨을 많이 쉬는 편이다. 사람들은 무슨 한숨을 그렇게 많이 쉬냐며 경고한다. 그러면 한숨 쉬면 시원해 라며 답한다. 그런 그를 미워하긴 어렵다는 것이 지인들의 공통된 견해였다. 옆에서 보고 있으면 답답하기 이를 데가 없다. 건물주로부터 퇴출의 메시지를 받고 잔여기간이 한 달도 남지 않았는데 그것을 걱정하는 사람은 당사자 택수가 아니라 지인들뿐이었다. 택수의 고민은 다른 데 있었다. 얼마 전 정말이지 아무런 맥락 없이 인터넷에 마라톤 대회 일정을 검색하고 가장 가까운 일정과 코스를 확인했다. 그리고 광진구 마라톤 대회 5킬로 달리기를 조금의 망설임도 없이 신청했다. 일정은 이번 주로 다가왔다. 지인들은 갑자기 웬 마라톤이냐며 잔소리를 쏟아냈다. 택수는 이런 지인들의 잔소리를 좋아하는 편이다. 사람들이 아이고야 하면 오히려 신이 나는지 자꾸만 엉뚱한 일을 벌이고 걱정거리를 만들었다.

"제 기준으로 걸으면 10분 걸리고 달리면 15분 정도 걸립니다." 책방까지의 거리를 안내하는 통화를 듣던 빼빼는 아빠, 거꾸로 말한 게 아니냐며 물었다. 하지만 엄연한 경험을 바탕으로 설명했다며 이렇게 말했다. "조금 달리면 지쳐서 걷는 데 그게 더 힘들어" 택수에게 있어 최대 장거리 달리기는 횡단보도 위에서 3분의 2 지점이 고작이다. 어김없이 나머지 구간은 걷는다. 보행자 신호가 빨간불로 바뀌어도 걷는 것이 철칙이라도 되는 것처럼 달리기를 피했다.

완주하면 묵직한 메달을 받는다. 달리기를 신청한 이유는 메달이 받고 싶기도 했지만 사실은 무라카미 하루키를 조금 닮아보고 싶었다. 하루키 달리기 하루키 달리기 이 미묘한 발음의 조화가 입에 착 달라붙어 알려지지 않은 뇌세포에 의해 전두엽으로 옮겨가 달리기를 신청하게 만든 거라고는 끝내 말하지 않았다. 하루키처럼 달리기를 잘하면 글도 잘 쓰게 될지 모른다. 결과의 생김새가 과정의 전후와 아무런 인과관계 없이 잘 된 현상을 사람들은 기적이라 부른다. 택수는 이제 노력보다 기적을 선택하는 편이 현실적이라 생각했다. 기적이 한 번쯤 일어날 때가 됐다는 것에 스스로 동의했다. 오늘도 손님은 그림자도 보이지 않는다. 가끔은 그것도 나쁘지 않다고 생각했다. 밖이 컴컴해지고 책방의 노란 불빛이 속살거릴 때면 특히 혼자가 되고 싶었다. 그 시간은 혹시 모를 사소한 기적이 일어날 가능성도 있다고 믿었다.

오늘 책방 손님은 한 명이었다. 책방을 조금 둘러보고 아무 말 없이 들어온 곳으로 나갔다. 택수는 그 사람의 뒷모습을 오래도록 바라봤다. 유난히 눈에 띄는 검은색 티셔츠를 입었다는 인상만 남기고 멀어져 갔다. 멀어져 갔다는 표현보다 어둠 속으로 자연스럽게 흡수된 것처럼 보였다.

밤이 깊어졌다. 막차 시간에 맞춰 책방을 나왔다. 버스를 타지 않고 걸었다. 간혹 달리기도 했다.

비론 모레노

비론 모레노는 축구 선수로나, 심판으로나 운이 좋은 편이 아니었다. 선수 시절 잦은 부상이 많았고, 심판으로서는 비교적 긍지와 자부심을 갖췄지만 큰 시합에서는 구설에 오르는 일이 서너 번 일어났다. 그 서너 번의 큰일이 심판으로서의 업적을 모두 가져가 버린 동시에 동네에서 가장 유명한 인사로 만들기도 했다.

모레노는 에콰도르 키토에서 태어났다. 에콰도르는 갈라파고스의 나라로 에콰도르의 대통령보다 갈라파고스의 바다 이구아나가 더 알려져 있다. 비론 모레노는 축구와 동물을 좋아했다. 에콰도르의 모든 어린이는 커서 축구와 수의사, 가톨릭 사제 이외의 일을 하게 될 것이라는 생각을 하지 않는다는 면에서 여느 아이들과 다르지 않았다. 다른 게 있다면 하늘 보기를 좋아했고, 가끔 시를 썼다. 문학적으로도 재능을 보였지만, 노동자의 가정환경에서의 문학은 토스트에 계란 프라이를 올려 먹는 것에 약간의 도움도 되지 못한다는 구박을 할아버지, 아버지, 어머니, 형제들에게까지 들어야했다. 비론 모레노는 작은 생명들의 소리를 듣는 일은 누구보다도 잘할 자신이 있었다. 또 그것들에 귀를 기울이는 소년이었다.

코파 주니어 대회 결승전, 모레노는 팀의 운명을 바닥으로 내려놓았다. 팀의 최전방에서 발끝의 날카로움을 자랑하던 모레노는 역습의 끝에서 동료의 절묘한 어시를 받았다. 발끝으로 데굴데굴 굴러오는 공을 가볍게 방향만 바꾸는 인사이드킥 한 방으로 우승 트로피와 보상으로 주어지는 팀 전원의 축구화를 받을 수 있었다. 종료를 10여 초 앞둔 절호의 찬스 모레노와 골키퍼 사이를 막는 수비수는 아무도 없었다. 정말 쉬운 일이었다. 하지만 모레노의 시선은 공이 아닌 하늘로 향해 있었다. 석양을 항해하는 철새들의 무리가 아름다웠다. 단지 그게 전부였다. 공은 모레노의 발 앞을 그대로 지나 골키퍼의 손에 안겼다. 심판은 고개를 기웃뚱하고 게임 종료를 선언하는 휘슬을 입에 물었다. 곧바로 이어진 승부차기에서 모레노는 상대를 속이는 킥으로 골을 갈랐지만 동료들의 연이은 실축으로 승부는 패배로 결정됐다.

그 사건 이후로도 축구는 계속할 수 있었다. 어쩌면 아구스틴 델가도와 함께 청소년 유망주로 성장할 기회도 있었지만 발목 골절, 십자인대, 햄스트링 부상의 악재로 선수 생활을 접을 수밖에 없었다. 모레노의 아버지는 지인의, 지인의, 지인인 에콰도르 축구 연맹의 사무처장에게 15년 치 비상금을 상자에 담아 보냈다. 그리고 계절이 몇 번 바뀌고 연맹으로부터 심판 자리가 하나 남았다는 연락을 받았다.

모레노는 2002 한일 월드컵 심판단 자격으로 대한항공 서울행 비행기를 탔다. 1997년 국제 심판 자격을 취득한 후 많은 국제 경기를 치렀지만 아시아는 짧은 여행차 가본 싱가포르가 전부였다. 대부분 아프리카 네이션스 컵, 코파 아메리카노 정도였다. 모레노에게

배정된 경기는 D조 미국과 포르투갈 경기와 8강 한 경기였다. 기내에서 제공되는 서울 가이드북 모닝 캄을 꼼꼼히 읽었다. 2002 한일 월드컵 특집 기사가 대부분이었다. 모레노는 한국에 대해 아는 것이라고는 6.25 전쟁의 전후 이미지가 전부였다. 할아버지는 한국전쟁의 참가자였다. 늘 한국의 참상에 관한 이야기 하셨는데 그것은 한국에 대한 오해의 시작이었다. 이 조그마한 잡지로 국가의 규모, 경제, 문화 차이를 실감하게 되었다. 모레노는 삼성과 엘지를 일본 기업으로 알고 있었다. 자신이 들고 있는 엘지 휴대폰에 한 번 더 눈길을 주게 됐다. 모레노는 손을 들어 스튜어디스를 불렀다. 그리고 면세품 잡지에서 선물용 초콜릿을 두 개 주문했다. 아름다운 승무원이 공손히 다가와 유창한 영어로 응대했다.

한국의 밤은 대단했다. 공항을 거쳐 숙소까지 오는 과정에서 고향 키토를 생각할 틈이 없었다. 이름 모를 간판이 알록달록하게 불을 밝히고 있었다. 누군가 그에게 한국의 밤에 대해 소감을 묻는다면 무질서를 넘은 질서라고밖에 설명할 길이 없겠지만 아름다운 것만은 이론의 여지가 없다고 할 것이다. 간단한 짐을 풀고 기내에서 구입한 초콜릿과 커피를 들고 호텔 거실의 창 앞에서 수원이란 도시를 내려다봤다. 경기가 치러질 수원 월드컵 경기장의 조명탑이 압도적으로 밝게 위용을 뿜어낸다. 지난밤 한국은 폴란드를 2대 0으로 승리했다. 고무된 시민들의 함성이 밤의 적막을 뚫고 간간이 들려왔다. 대~한민국! 구호에 어느새 익숙해진 건지 모레노는 손가락으로 커피잔을 두드리며 박자를 맞추고 있었다.

미국과 포르투갈의 경기는 미국의 승리로 끝났다. 한국과 포르투갈의 경기는 한국의 승리. 8강 진출 팀은 한국. 우승 후보 국가들에서 언제나 이름이 빠지지 않던 루이스 피구와 그의 친구들은 모두 집으로 돌아가야 했다. 모레노는 제발 개최국 경기만큼은 피하고 싶었다. 게다가 상대는 거칠기로 소문난 이탈리아였다. 무슨 일이 일어나도 일어날 것만 같았다. 외신은 한국팀의 선전과 서울 광장의 붉은 악마들의 인파를 그냥 지나치지 않았다. 늦은 시간까지 CNN 티브이를 보던 비론 모레노는 리모컨 전원 버튼을 눌러 티브이를 껐다. 내일 지구 최대의 격전이 치러친다. 굉장히 거친 시합이 눈에 훤했다.

 대전, 이 도시는 말 그대로 미쳤다. 대~한민국! 의 구호가 언제 어디에서라도 울려 퍼졌다. 기내에서 확인한 사건 사고가 없는 조용하고 재미없는 도시란 말은 거짓이었다. 지나가는 사람 누구라도 하이 파이브를 나눴다. 차량 정체는 미친 듯했다. 택시는 조금도 움직이지 않았다. 초조함으로 숨이 막혀왔지만, 월드컵 이야기가 하고 싶어 미치겠다는 표정의 운전사는 꽉 막힌 도로 위에서도 미소가 끝나지 않았다. 비론 모레노는 성호를 그리고 머리를 감쌌다. 그때였다. 윙윙하는 사이렌 소리가 울렸다. 경찰 오토바이 서너 대가 나타나 막힌 도로를 뚫었다. 도로가 양옆으로 시원하게 갈라졌다. 경찰 한 명이 다가와 내 얼굴과 운전기사를 한 번씩 훑고 경기장을 가리켰다. 운전사는 연신 싱글벙글 웃으며 경찰과 대화를 나눈다. 그들의 대화를 알 수 없었지만 운전사는 어딘가 모르게 들떠있었다. 운전석으로 되돌아온 그는 "오케이 돈마인"이라고 필요 없을 만큼 큰 몸짓으로 보디랭귀지를 시전했다. 경찰은 호각 몇 번에 도로를 가르는 마법을 부렸다. 오토바이의 에스코트를 받으며 경기장까지 한 번도 멈추지 않고 도착했다. 15분도 지나지 않았다. 어떻게 된 영문인지 이들이 어떻게 나를 찾아 나타났는지 알 수 없었다. 기내 잡지에서 본 IT 강국 대한민국이란 기사가 떠올랐다. 혹시 위성으로 내 위치를 감시하는 걸까? 하며 약간은 무섭기도 했다. 택시에서 내리니 운전사가 빠르게 다가와 문을 열어줬다. 그리고 양손의 엄지를 세우고 짧은 영어로 폴리스폴리스 미 텔레폰 하며 오버스러운 동작으로 자신의 가슴을 쾅쾅 내리쳤다.

대한민국 승. 모레노는 이탈리아 선수 두 명을 퇴장시켰다. 이탈리아는 불 같았다. 한국이 심판 매수에 성공했다며 비난을 쏟아냈다. 살인 협박 편지도 받았다. 반면 한국에서 난 영웅이 되었다. 그들의 입장에서 그 날의 판정에 대해 함구하는 눈치였다. 훗날 한국의 공영방송과 이탈리아 방송에서 취재 경쟁이 이어졌다. 모두 귀찮았다. 심판은 어디까지나 인간이기 때문에 실수할 수도 있다. 실수를 절대 범하지 않는 인간은 3종류만 있다. 그것은 태어나지 않은 사람, 죽은 사람,

아무것도 하지 않는 사람. 한국은 운이 좋았고 이탈리아는 이길 만한 경기를 하지 못했을 뿐이다.

비론 모레노는 시합 중에 여러 번 한눈을 팔았다. 구장의 함성, 붉은 물결, 깃발 이런 장면은 나에게 영감을 준다. 심판으로서 뛰는 내내 시인이 되었다. 여기에 있는 모든 사람이 아름답고 찬란했다. 모레노는 그들에게서 분명한 에너지를 느꼈다. 이 시합의 결과로 인해 다수의 사람이 행복해질 수 있을 거로 생각했다. 그것이 공정하고 그래야만 한다고 생각했다. 축구로 인해 생기는 이 아름답고 선명한 결과물에 신의 가호 한 방울이 필요하다면 바로 이 경기였다고 생각했다.

비론 모레노는 현재 축구를 멀리하고 시집과 소설을 읽으며 살고 있다. 모레노의 판정에 관해서는 비교적 원칙을 중요하게 여기는 심판이라는 평이 남았다.

주주

"실수를 절대 범하지 않는 인간은 3종류만 있는데, 그것은 태어나지 않은 사람, 죽은 사람, 아무것도 하지 않는 사람뿐이야." 빼빼는 이렇게 말하고 현관문을 거칠게 닫았다. 초등학교 5학년이 어디서 이런 말을 들었는지 주주는 도무지 알 수 없었다. 숭숭이는 이미 운동을 나갔고, 빼빼가 등교했으니, 이제 저 인간 하나가 남는다. 누가 시키지도 않은 달리기를 해놓고 저렇게 3일째 시체처럼 누워만 있다. 고작 5킬로를 달리고 누가 보면 국토 대장정을 마치고 온 사람처럼 송장이 돼가고 있다. 밥을 차려도 먹지도 않는다. 그래도 귤을 까먹는지 외출했다 돌아오면 귤껍질이 굴러다녔다. 주주의 일과는 3부로 나뉘는데 빼빼가 등교하면 1부가 끝나는 셈이다. 식탁에 앉아 커피를 마시며 이제 곧 2부에서 해야 할 일을 정리하는 것이다. 쿠키를 만들기 위해 반죽을 해야 한다. 오랜만에 쿠키와 휘낭시에 주문이 들어왔다. 택수의 책방 지인이 대부분 고객이지만 맛이 좋다는 소문은 자자했다. 남아있는 커피를 단숨에 들이켜고 계량기와 반죽기, 호두, 마카다미아넛츠, 무화과와 설탕 등 재료를 하나씩 준비할 때 전화가 왔다. 대희다. 꿀알바가 하나 있는데 지금 바로 시립미술관으로 나올 수 있냐는 것이다. 오 관장님을 만나서 대희 소개로 왔다고 하면 된다고 했다. 자기도 가긴 할 건데 촬영이 끝나야 움직일 수 있어서 시간은 장담할 수 없다고 한다. 전화를 끊고 쿠키 재료를 꺼낼 때의 역순으로 돌려놓았다. 대희는 드라마나 영화에서 엑스트라 연기를 꽤 오래전부터 해 왔다. 이제는 웬만한 배우들과도 말을 트고 지내며 얼마 전에는 설경구와 포장마차에서 술도 마신 사이라며 자랑도 했다. 최수종과 함께 찍은 사진도 보여줬다. 왕의 분장을 한 최수종과 포졸 복장의 대희가 묘하게 어울렸던 기억이 났다. 외출 준비를 끝내고 방 안을 둘러봤다. 택수는 아직 변화가 없다. 줄곧 한 자세로 누워 코를 골다 말다 한다. 수족관에 다가가 구피들에게 먹이를 주며 잘 먹는 구피, 못 먹는 구피, 관심 없는 구피를 꼼꼼히 살폈다. 나갔다 올테니 집을 잘 보라는 눈빛이었다.

 시립미술관은 집에서 걸어갈 수 있는 거리다. 버스를 타도 시간 차가 크지 않고, 차를 타고 나가면 주차비가 아까웠다. 주주는 미술관 알바를 해본 적은 없지만 그들에 대해 생각해 본 적은 있다. 어느 미술관에 가더라도 그들은 의자에 가만히 앉아 손님의 동선을 방해하지 않는 곳에서 시간을 보내는 심심한 일을 하고, 보상으로 고액의 일당을 받는다. 어떡하면 그런 일을 할 수 있는지 부러워한 적도 있었다. 면접은 아주 쉽게 끝났다. 특별한 주의 사항도 없고 시급과 일정만 통보 받았다. 간단한 계약서도 썼다. 겨울 내내 장기 프로젝트로 기획한 특별전은 요즘 유명한 핀란드의 아티스트였다. 매우 까다로운 이름이어서 기억할 수 없었지만, 도록에서 본 사진은 영화 트와일라잇에 나온 차갑고 아름다웠던 배우를 닮았다. 그의 그림은 엄청나게 큰 그림들인데 특이하게도 어떤 형태를 그리지 않고 모두 완벽한 색을 그린다고 했다. 가장 완벽한 블랙 벤타 블랙과 울트라 화이트 페인트 같은 본연의 색을 그린다고 관장님은 말했다. 주주도 거대한 색이 궁금했다. "실제로 보면 굉장히 빠져들 것 같아요." "저도 기대가 크답니다. 잘 부탁드립니다." 관장은 예의는 여기까지라는 듯이 고개 숙여 인사하고 바쁜 걸음으로 본래의 위치로 돌아갔다. 대희는 끝내 오지 않았다. 집으로 돌아오니 택수는 여전히 미동도 없는데 귤 껍질은 식탁 위에, 침대 옆에, 컴퓨터 앞에 하나씩 놓여있었다. 주주는 다소 높은 톤으로 경고를 날렸다. "인제 그만 일어나라!" 택수가 끙끙거리며 일어나더니 다시 이불 속으로 돌아가 누워버린다.

다음 날, 대희에게서 다시 전화가 왔다. 마침 근처에서 새벽 촬영을 끝내고 지금은 커피를 마시고 있다며 나올 수 있냐고 물었다. 주주는 미술관 아르바이트를 소개받은 답례도 할 겸 쿠키 몇 개를 들고 나갔다. 대희는 대뜸 이번 연기는 대사도 좀 있고 주연과 함께하는 씬도 많다며 물어보지도 않은 이야기를 잔뜩 풀어놓았다. 정말 알면 알수록 신기한 친구다. 대희는 엄청난 엘지 야구팬이기도 해서 엘지 투수와도 술을 마시는 사이라며 사진을 보여줬다. 요즘 엘지는 말 그대로 천하무적이라며 들뜬 얼굴이었다. 모든 말이 진실인데 모든 말을 거짓처럼 들리게 하는 재주가 있다. 대희의 이야기는 막힘이 없었다. 말이 너무 점프가 심하고 장르도 다양해서 종잡을 수 없었다. 계속 웃는 사이에 시간은 빠르게 지나간다. 대희는 미술관 알바에 대한 조언도 해줬다. "미술관 알바도 했었어?" "했었지, 언제였더라"로 시작한 이야기는 대략 이러했다. 프라하 공원에서 낮잠을 자다가 배낭을 통째로 도둑 맞고 막막하던 때 우연히 단기 직원을 구한다는 미술관 포스터를 보고 지원했다가, 마침 한국인 관광객이 늘어나고 있다는 이유로 일사천리로 채용됐다고 했다. 그런데 막상 한국인은 보이지도 않고 외국인만 오는데다가와 물어도 당황하면 안 된다고 했다. 언어는 자신감이니까 아는 단어와 보디랭귀지를 섞어 설명하면 웬만하면 다 통하는 법이라 했다. 이 이야기만 해도 킬포가 몇 개인지 헤아릴 수 없을 정도다. '대희, 영어 잘해? 프라하도 가봤어?' 물어보고 싶었지만 이런 사람들 특징이 물어볼 틈을 발견할 수가 없다. 이야기는 계속 다른 곳을 향해 달린다. 2002년 월드컵 때는 택시 운전을 했는데 외국인 심판이 탔다는 것이다. 대전 경기장으로 가는데 차가 하도 막혀서 초조해하길래 경찰에 전화해서 문제를 해결했다고 한다. 좋은 일이라 생각하면 당황하지 말고 일을 진행하라는 단순한 조언도 덧붙였다. "택시 운전도 했다고? 심판인지 어떻게 알았는데?" 짧은 문장에도 질문이 서너 개쯤 생기게 만드는 것도 대희의 독특한 능력이다. "택시 운전! 했었지 내가 말 안 했나? 심판인 건 딱 보고 알았지! 피파 어쩌고 쓰여있는 명찰을 걸고 있었는데 경기장으로 가자 하고 시간을 연신 확인하는데, 시간 확인 하는 폼이 꼭 심판 같더라고." 대희를 보면 어처구니없기도 한데 모든 일이 그가 짜놓은 판에 맞춰지는 것 같기도 했다. 신기하고 재밌었다. 무엇보다 좋았던 건 한결같이 긍정적인 태도였다. 그리고 갑자기 택수 이야기를 꺼냈다. 정색을 하고 아이스 아메리카노를 들이켰다. "그런데 택수 괜찮아?" "택수? 자고 있는데 왜?" "얼마 전 광진구 육상대회 참가했더라? 내가 거기서 응원 아르바이트하고 있었는데 택수가 있더라고, 택수가 운동을 좀 했던가? 생각이 들었는데 폼이"까지만 말하며 웃음을 참지 못하는 것이다. 주주는 더 궁금해져 다음 이야기를 기다렸다. "아니 나 처음 봤어. 있잖아, 이제까지 육상 운동 알바를 몇 번 해왔는데 청바지 입고 달리는 사람 처음이야. 또 상의는 얼마나 껴입었는지"까지 말하고 또 얼굴이 새빨개질 정도로 폭소를 하는 것이다. 주주는 대희가 진정할 때까지 차분하게 기다렸다. 그런데 대희는 시간을 확인하고 엇 시간이 벌써 이렇게 됐냐며 하던 말을 멈추고 이제 가봐야 한다는 것이다. 홍대에서 듀스 팬클럽 정모에 갔다가, 덕수궁 해설사 모임 오리엔테이션에 가야한다며 헐레벌떡 짐을 꾸리며 한마디 더 한다. "아, 택수한테 잘 해줘" 갑자기 무슨 반전인지 정색을 하는 말에 당황한 주주는 "어." 라고 말하는 게 최선이었다. 그리고 "아, 맞다! 이거" 준비한 쿠키를 건넸다. "별거 아니야 집에서 만든 건데 사람들이 가끔 주문해서 남는 거 가져왔어." "너 요즘 쿠키 만들어? 이거 정말 힘든데 나 제빵사 자격증 있잖아. 그런데 너 쿠키 만드는 이유가 그거 아니야? 답답한 일 잊기 위해서?" 주주는 깜짝 놀라 그걸 어떻게 알았냐고 물었다." 쿠키 배우는 사람들 대부분 그래. 현실은 괴로우니 잊고 싶은 걸 찾는 거야. 한 가지만 생각하면 되고 그 한 가지가 뭔지는 알지?" "맛있게 돼라." 대희와 주주는 동시에 같은 말을 하고 또 웃었다. "아마 택수도 그랬을 거야. 달리기 하는 것도 무념무상에 딱 이거든. 보통 뭐든 하나만 생각하고 달리는데 택수는 있잖아?" "뭔데?" 대희는 또 대답보다 웃음을 터뜨리며 당시 상황을 이야기한다. 요약하면 이렇다. 청바지 입은 참가자가 달려오는데 코스 주변에서 주자들에게 화이팅을 외치던 일을 맡은 대희가 택수를 확인하고 깜짝 놀랐다고 한다. 택수는 대희를 못 보고 지나가길래 인사나 할까 하고 뒤를 따라갔는데 뭐라고 중얼중얼하며 달렸다는 것이다. 들릴락 말락 한데 주주 어쩌고 숭숭 어쩌고 그랬더란다. 그래서 좀 더 다가가서 귀 기울여 들었더니 구령을 맞춰 걷는데 온통 가족 생각뿐이라며, 주주 사랑해, 숭숭 괜찮아, 빼빼 귀여워, 그러면서 미안해, 사랑해, 하면서 달리는데 너무 감동이어서 괜히 눈물이 나와 아는 척을 할 수가 없었다고 한다. 대희는 엘지 유광 잠바를 입고 등에 있는 임영웅 사인을 자랑하며 지나가는 버스를 쫓아 뛰어갔다.

집으로 돌아오니 택수는 없었다. 귤 껍질은 하나도

보이지 않았다. 방 청소를 했는지 침대 시트도 깔끔히 정리되어 있었고 빨래 건조기에 빨래들도 전부 개어져 있었다. 주주는 하루의 2부를 시작하기 위해 차 한 잔을 준비했다. 그건 워밍업 같은 의식이었다. 식탁에 앉아 차를 마시는데 진열장 손 고리에 무언가 걸려있는 게 보였다. 광진구 육상대회 완주 메달이었다. 주주는 메달을 들어 목에 걸어보고 메달이 어울릴 만한 곳을 찾아 방 안 여기저기를 둘러보다가 결국 진열장 손 고리에 걸어두었다. 거기가 제일 어울리는 장소라고 택수가 말하는 것 같다는 생각이 들었다.

마법 학교 5학년 役

 카페 5년 차가 됐습니다. 손님이 없을 때는 출입구를 바라보는 습관이 있어요. 카페 앞 횡단보도에 파란불이 켜지고, 건너가는 행인과 건너오는 행인이 마주칠 즈음 사람들을 유심히 관찰해요. 5년 차에게는요, 카페에 들어올 손님을 감별하는 능력이 생깁니다. 두 사람, 이번에는 세 사람이다 하면서 얼른 자리에서 일어나 인사말을 미리 준비해 둡니다. 어떤 경우에는 아무 말도 걸지 않는 게 좋을 때도 있어요. 정확히 모르지만, 그것은 카페 7년 차부터 알 수 있는 것이라네요. 카페 15년 차가 되면 손님이 오기도 전에 음료를 만들기 시작하기도 한다는데, 아쉽게도 저는 5년 차로 마무리할 것 같네요.

일요일의 총총과 멸망한 그림

 일요일 아침 비가 내리더니 이내 팝콘 같은 눈으로 변합니다. 오후에나 나타날 줄 알았던 총총이 이른 아침에 중장비를 들고 와서 선반을 달아줬어요. 커다란 수평기를 대고 위치를 확인한 후 콘크리트에 구멍을 내고, 나사를 고르고, 전동 드릴을 컨트롤하는 총총의 터프함, 완벽함과 꼼꼼함과 허당미를 적당히 구사하며 완성된 2단 선반은 무인양품의 그것처럼 단아함을 뽐냈습니다. 선반 위에 마른 컵을 올리고 준준이 준 빨간 법랑 주전자를 올려놓으니 기분이 너무 좋았습니다. 아내는 정신없이 뻗은 몬스테라의 줄기를 마끈으로 엮어 통로를 쾌적하게 할 뿐만 아니라 미관상으로도 돋

보이게 하는 감각을 발휘했습니다. 그리고 싱크대 위 조잡한 물건을 치웠습니다. 그것들이 사라지니 실내가 더 밝아지는 인상이었습니다. 총총은 돌을 그리며 일기를 씁니다. 그 일기를 인스타그램에서 봤어요. 일기에 '그래서 사장님 일을 자기 일처럼 하는구나'라는 글이 있었어요. 왜죠? 조금 더 친절하게 알려줘요. 나는 잘 모르겠습니다. 이사를 하면서 사람들이 너무 많이 도와줘서 다 말할 수 없을 정도입니다. 자꾸만 이사하고 싶어지면 어떡하죠?

일요일 오후 손님이 많지 않아 스토너의 후반을 모두 읽고 책장을 덮었습니다. 그리고 수채화 도구를 꺼내어 색들의 조합을 알아봤습니다. 살색 계열의 노란색에 코발트블루를 약간 더해 표현할 수 있는 색을 알아봤다고 하면 너무 전문가 같아 거짓말이고 오늘은 물의 양을 실험해 봤다고 해도 거짓말입니다. 일단 한 번 그려보자라는 마음으로 스웨터를 입고 목도리를 한 그림을 그려봤는데 의외로 빨리 그렸을 뿐 그림은 멸망했습니다. 완성을 하고 날짜를 기입하니 그림은 조금도 나아 보이지 않고 정확히 멸망 날짜가 있는 그림이 됐습니다. 그림의 뒷면에 스웨터를 대충 입은 여인이라고 제목을 달고 수채화 체험 첫날을 마감했습니다. 이래서 과연 머릿속 그림과 실제 그림의 간격이 좁아질까요? 수채화 좀 배워둘 걸 그랬습니다.

어떤 일이든 좋은 일

 이사 후 첫 번째 월세를 내는 날입니다. 오늘은 어떤 일이든 좋은 일 하나를 하려고 합니다.
 지구불시착은 오전 10시에 문을 열어요. 오전에는 2만 3천 퍼센트 정도로 손님이 없을 것이 확실하지만, 습관을 유지하는 것도 중요하니까 되도록 아침에 부지런하려고 합니다. 오랜만에 사우나에 갔다 왔어요. 대중목욕탕에 대한 거부감이 있는 편이지만 뜨거운 물을 좋아해요. 탕에 들어가서 여러 가지 상상을 해봤어요. 어떤 굿즈를 만들지, 음료를 어떻게 시작할지, 책방이 조금 밝았으면 좋겠다, 봄이 빨리 왔으면 좋겠다, 최근에 읽은 책 스토너와 오늘부터 읽을 책 프랑켄슈타인에 대해, 오늘은 누구에게 연락해야겠다 등 정답보다 질문을 즐겨봤습니다. 30분이 지날 때쯤 좋은 생각이 떠올라서 서둘러 나왔어요. 협소한 책방을 조금이라도 넓힐 수 있는 아이디어가 생각났기 때문입니다. 책방을 열고 열탕에서 그려본 대로 해보니 훨씬 좋아진 것 같습니다. 부담스럽지 않게 통로를 오갈 수 있는 길이 열렸습니다. 전구를 하나 더 연결하니 실내도 한층 밝아졌습니다. 책방은 점점 정리가 되어가는 것 같아요. 아내는 돈 걱정을 하면서도 냉장고가 필요하다며 거금을 들일 생각을 해요. 나는 난방이 우선이라고 생각했는데 그 점에서 약간의 차이가 있었죠. 아무튼 냉장고는 필요하니 냉장고가 들어오면 또 책방의 배치는 바뀌겠죠.

오늘 날씨는 이상해요. 시각적으로는 따뜻한데 체감적으로는 냉기가 차있어요. 손가락 끝이 떨어져 나갈 것만 같았죠. 히터의 온도를 최상으로 하고 끌어 안고 싶을 정도였죠. 곧 부가세 신고도 해야 하는데, 월세에다 전기세까지 걱정입니다.

2시가 되면 책방으로 빛이 들어옵니다. 책방이 가장 아름다워지는 시간이죠. 책방은 남향이지만 가게 앞 아파트가 일조량을 방해합니다. 따라서 햇빛은 잠시 머물 뿐 바쁘게 사라집니다.

 도서관 식구들이 식사를 하고 우르르 몰려왔습니다. 언제라도 반가운 사람들입니다. 도서관 사람들은 도서관 사람들의 분위기가 있어요. 그 분위기 때문에 도서관 사서가 됐는지, 도서관 사서가 돼서 그 분위기가 있는지 모르겠지만 늘 조용조용 재잘거리는 참새들 같습니다. 그들이 휘낭시에 7개를 구입해서 오늘 매출의 100퍼센트를 (글을 쓰고 난 후 늦은 시간 손님이 들어와 추가 매출이 생김) 올려줬습니다.

 날이 저무는 소리가 들려옵니다. 날이 어둑해지고 차들이 라이트를 켜는 시간입니다. 이 골목은 유난히 저녁이 빨리 찾아오는 것 같아요. 책방 손님은 도서관 식구들이 다녀간 후 두 명이, 그리고 이제 문 닫을까 하는 시간에 세 명, 그리고 다시 프랑켄슈타인을 읽을 때 시집을 추천해 달라는 학생 한 명이 들어왔습니다. 은지와 소연의 시집을 추천해 주니 아주 좋아했습니다.

시 모임을 주최하고 있고, 시도 쓴다고 했습니다. 시를 보여달라고 하니 블로그에 올린 시를 보여줬습니다. 부끄러워하면서도 누가 좀 읽어줬으면 하는 마음은 모두 똑같은가 봅니다. 우리는 모두 그렇게 글에 다가서는 용기를 얻습니다. 학생의 얼굴에서 책방을 대하는 마음이 보여서 반가운 마무리를 할 수 있었습니다.

오늘도 수채화를 그렸습니다. 어제보다 붓 끝의 망설임은 줄었습니다. 밤이 깊어가지만 어떤 일이라도 좋은 일은 아직 멀었고, 오늘 그림도 멸망입니다.

안나 스콧

안나 스콧이 서울에 나타난 건 24년 봄이었다. 세계에서 가장 영향력 있는 배우로 알려진 그녀가 서울의 끝 노원구 공릉동에서 커피를 마시고, 산책한다는 이야기를 쉽게 믿을 사람은 없다. 하지만 그녀는 늘 혼자 다녔고 보이는 카페에 앉아 라테를 마시며 책을 읽거나 하품도 하고 심지어는 잠시 졸기도 했다. 눈에 띄는 외모를 가진 이방인이 사람들의 시선에서 자유롭게, 이토록 자유롭게 지낼 수 있었던 건 아마도 그녀의 평이한 태도가 크게 한몫했을 것이라 생각한다.

그녀의 공식적인 스케줄은 인터넷 검색만 해도 쉽게 알 수 있다. 안나 스콧은 현재 영국의 작은 도시 노팅

힐에서 로맨틱 코미디로 유명한 워킹타이틀의 새로운 야심작을 촬영 중이며 남편과의 마찰로 인해 인근의 휴양지에서 잠시 휴식을 취하고 있다는 정보가 있었다. 그리고 하단에는 해변에서 한가로이 쉐이크를 마시는 그녀의 파파라치 사진도 볼 수 있었다. 하지만 그 기사는 거짓말이다. 어떤 경우인지 모르게 그녀는 공릉동에서 진짜 휴가를 만끽하고 있다. 거의 대부분의 시간을 카페에서 책을 읽고, 일기를 쓰고, 산책한다. 가벼운 운동복에 캘빈클라인 후드를 입고 선글라스도 없는 그녀의 표정은 너무나 평온해 보였다.

공릉동엔 표정이 평온한 걸로 유명한 사람은 안나 스콧 말고도 한 사람 더 있다. 택돌은 작은 책방에 앉아 인스타에 올릴만한 사진을 찾고 있었다. 출근길 공원을 지나며 사진 두어 장을 찍었는데 그중 하나를 인스타 피드에 올릴 생각이었다. 대충 찍은 듯했지만 그의 사진은 항상 구도, 햇빛의 위치, 광량과 피사체의 거리 등을 고려한 흔적이 있다. 파란 하늘과 벚꽃, 그 아래 모여든 사람이 모두 평범한 듯 아름다웠다. 택돌은 그 사람들 사이에서 유난히 눈에 띄는 신체 비율의 외국인 한 사람을 발견하고 사진을 확대해 봤다. 캘빈클라인 후드를 확인할 즈음 책방의 문이 열렸다. 반가운 첫 손님, 아니 택배기사 아저씨 아니, 그의 등 뒤로 낯설지 않은 얼굴의 아름다운 이방인이 너무도 자연스럽게 책방으로 들어왔다. 택돌은 안나 스콧의 미모에 압도되었다. 인류 역사 이전에도 돌이었고 지금 현재도 돌이고 앞으로도 영원히 돌 말고는 한 번도 다른 것이 되려는 생각도 해본 적이 없는 영원불멸의 돌덩이처럼 서서 인사도 제대로 하지 못했다.

그녀는 한국말에 관심이 많았다. 예쁜 얼굴에 비해 다소 민망한 목소리로 "안용하쎄요"라고 했다. 그리고 그녀는 잠시도 쉬지 않고 이야기를 했다. 예상외로 말이 많은 그녀는 거의 모든 K드라마를 섭렵하고 있었다. 택돌은 하루치의 사회성을 끌어 모아 그녀의 어눌한 목소리에 귀를 기울이고 미소를 짓고 가끔 "아 정말요?"라는 말을 하며 속으로는 평소의 침묵이 너무나도 그리울 뿐이었다.

3부

최선을 다하지만 가능한 범위 내에서

누구의 탓은 안 하기로 했습니다.
그리고 이런 날은 조금 더
따뜻한 일을 해보겠습니다.
내 기분이 좋아질 수 있도록 말입니다

지구불시착 신제품 떡메모지를 추천합니다

 오늘 떡메모지가 도착했다. 상자를 열고 제품의 완성도를 따지는 모습은 없었다. 예상대로 한 치의 오차도 없다고 하기보단 아무런 기대도 없이 정사각형 메모지 7종이 도착했다. 무덤덤했다. 이게 다 팔리기까지는 한참의 시간이 걸리겠다, 재고는 어디에 품어야 하느냐는 생각이 지배적이었다. 아무 쓸모 없는 굿즈를 또 만들었다는 자책감도 조금은 있었다. 덕분에 정리는 빠르게 끝났다. 이게 다인가? 그렇지 않다. 그럼 나는 왜 메모지를 만들었나부터 되돌아봐야 했다. 우선 굿즈의 빈자리를 생산 대비 저렴한 비용으로 채워야 했다. 늘 그것이 문제였다. 문제 해결이 아니고 반복, 악순환의 고리를 끊어낼 가장 중요한 것이 나에게는 없었다. 너무 잘 알면서도 엽서나 메모지가 제일 쉽다. 쓸데없이 쉬워서 나는 또 메모지를 만들기로 했다. 사이즈는 90*90, 열 스타일을 디자인하고 세 가지 스타일을 버렸다. 그림은 있던 그림 중에 골랐다. 딱히 메모지에 필요한 그림은 없었다. 아무 그림이라도 상관없었다. 메모지에는 용도라는 것이 있다. 그것은 디자인 영역이다. 그림 사이에 여백 두고 이용자가 문구를 쓰도록 유도하는 장치가 마땅히 필요하다. 구매자에게는 그 장치가 구매욕에 합당한 가치를 부여하는 것이다. 하지만 나의 메모지는 그러한 장치가 없다. 여백 없이 그림으로 꽉 차있어 이용자가 메시지를 쓸 공간이 없는 것이 특징이다. 이른바 <쓸데없는 메모지>이다. 두부를 만들고 부서진 모양을 모아 <못난이 두부>라는 이름으로 히트를 친 전례는 있지만 <쓸데없는 메모지>로 전설이 생기는 일은 없을 것 같다. 그냥 그렇고 그런 선택을 받지 못하는 메모지로써의 생을 예견해 본다. 가엽지 않은가? 용도가 말짱한 메모지의 일생은 결국 쓰임으로 끝나는 것이다. 한 장씩 떼어 저 무리와의 생이별을 맞이하는 것이다. 그런 의미에서 나의 이 <쓸데없는 메모지>를 보자. 쉽게 쓰임을 선택받을 일이 없다. 한 장씩 떼어져 버려지는 생이별의 아픔으로 점점 말라가는 모습을 볼 이유도 없다. 언제나 처음 봤을 때의 그 모습으로, 보기 좋게 두툼한 모습 그대로 유지할 수 있는 장점이 여기에 있다.

3,500원이 세상에서 가장 중요한 사람처럼 굴 필요가 없음을 기억하자.

자세히 보면 메모할 공간이 없다는 말에 동의할 수 없다. 런런런 메모지를 보자. 디자인이 말하는 공간은 창조하는 것이다. 어쩌면 나는 세계 최초로 제한된 글자 수만 적는 메모지를 발명했다고 말할 수도 있다. 단 세 글자만 메모할 공간을 허락함으로써 보다 직관적이며 비문이 없는 깔끔한 메모를 전할 수 있다. 가끔 우리는 말이 너무 많다. 진정한 정보 다이어트에 최적화된 메모지의 탄생이 아니라면 무엇이겠는가?

사실 나는 무언가를 만드는 일에 대해서 갈증을 느끼는 사람일지도 모르겠다. 손 뼘만 한 재주로 그림을 그리고 엽서와 포스터, 노트를 만들었다. 그리고 메모지도 만든다.

나는 항상 오늘 해야 할 일을 생각한다. 꼭 해야 할

일은 적으면 적을수록 좋다. (적으면 적을수록에 밑줄) 다만, 해도 안 해도 아무런 지장이 없는, 바쁨으로 만들어진 이 메모지를 어찌 사랑하지 않을 수 있겠는가!

보이는 것을 그린다

보이는 것을 그리는 일을 합니다. 그것은 가장 쉬운 일이기도 하지만 그렇게 만만한 일도 아닙니다. 고양이를 따라가 보기도 하고, 여름을 기다리는 선풍기를 오래도록 바라보기도 합니다. 산책하는 강아지의 몸짓을 보고, 떠 있는 구름을, 때를 기다리는 왜가리와 어떤 돌멩이의 색, 촉감을 느껴봅니다. 시집도 읽고 피천득 선생님의 수필을 읽습니다. 그런 일들이 그림을 그리는 일에 도움이 될지 확신은 없지만 아무것도 하지 않으면 그림도 나아가지 못합니다.

어느 날 아침 딸아이는 키우는 거북이를 보며 말합니다. "아빠 누가 복림인지 알아? 이복이는 다른 거북이

들을 괴롭혀. 그런데 삼복이는 안 문다? 복순이는 얼굴이 귀여워. 일복이는 눈치가 빠른 것 같아."하며 하나도 구분이 되지 않는 거북이들의 이름을 열심히 설명하는 아이의 얼굴은 행복합니다.

빈 종이에 펜을 들고 한참을 망설이다 보면 떠오르는 건 고양이의 의심스러운 눈빛이라던가, 구부정한 선풍기, 거북이를 좋아하는 아이 얼굴이겠죠.
보이는 것을 그린다는 건 상상하는 힘과도 연결돼 있습니다. 어떤 그림은 눈을 감았을 때 더 선명해지기도 합니다. 냉장고의 문을 열었을 때 바다가 보인다면, 우리들의 도화지는 무한해집니다. 담배를 물고 있는 고양이가 있을 수도 있습니다. 귀가 조금 이상하게 생긴 사람도 그림에서는 아주 흔한 일이죠.

긴긴 추위를 이겨낸 화초를 만져보는 일과 야구장 잔디 위에 남겨졌던 공을 가만히 바라본다면 그것은 아마 열렬히 그리고 싶다는 마음일 겁니다.

오늘 우리가 본 건 어떤 사랑일까요?

21c 도강록

 태릉 입구 구사거리 횡단보도 앞, 노란 건물 1층에는 카페가 있다. 나는 그 카페 안 책방에서 대부분의 시간을 보냈다. 대로와 천변 사이의 버려진 땅, 마치 섬과 같은 운명으로 자리를 지키고 있는 카페에선 어느 곳을 가더라도 횡단보도를 건너야만 한다. 이 횡단보도 앞에서 나는 가끔 18세기 연암의 열하일기를 생각하곤 한다. 도강록! 압록강 거센 물살을 앞에 두고 연암 일행의 여정은 이렇게 시작된다.

　<어찌하여 후삼경자인가? 지나간 길과 날
　씨를 기록하여야 하므로 햇수와 달수, 날

짜를 셈하려고 하기 때문이다. 어찌하여 후라고 덧붙였는가? 숭정 기원 이후라는 뜻이다. 어찌하여 삼경자인가?>

연암처럼, 꼬리를 무는 핑계와 답을 교차하며 나의 횡단보도 도강록은 시작된다. 나는 왜 횡단보도를 건너는가? 세븐일레븐에 가기 위해서다. 그렇다면 왜 세븐일레븐에 가야하는가? 라면을 사기 위해서다. 왜 라면을 사야 하는가? 도시락을 싸주지 않아서이다. 왜 도시락을 싸주지 않았는가? 아내에게 대들어서 도시락이 끊겼다. 세븐일레븐에 들어서자 허기가 몰려왔다. 굶주림엔 영양이고 나발이고 양이 우선이다. 아내가 싸주는 하루 두 끼의 도시락에는 엄청난 비밀이 있었다. 그렇지 않고서는 이렇게 시도 때도 없이 배고플 일이 없다. 나는 조금 전 새우볶음밥을 먹고 그 전에 크루아상과 커피를 먹었다. 마침 들른 지인이 가져온 푸딩도 두 개나 먹었다. 어제 먹다 남긴 닭꼬치와 어묵도 먹어 치웠다. 아무리 먹어도 배가 고픈 현상. 그것이 아내의 도시락이 있을 때와 없을 때의 차이였다. 일단 배불리 먹어야 한다. 짜파게티 두개와 빵, 귤 한 묶음과 몇 가지 과자를 계산하고 나와서 횡단보도 앞에 섰다. 21세기 압록강을 건너 카페로 돌아가야 한다. 초겨울 해는 자꾸만 기울어 대로 끝에 걸려 있다. 인상적인 그림을 만들어 내는 하늘은 오렌지색으로 물들고 거리의 빛은 어둠에게 권한을 조금씩 내어주고 있다. 양방향 차량으로 꽉 막힌 사거리. 모든 그림자는 제 키보다 서너 배나 길게 누워있다. 차들의 라이트가 켜지고 빨간색 정지등은 꺼질 줄 몰랐다. 어디선가 거칠고 예리한 클락션의 하울링이 시작되면 너 나 할 것 없이 울어대는 것이 러시아워의 법칙이다. 나는 그 거리에서 21세기 퇴근길의 고단함을 엿볼 수 있다. 거리는 에드워드 호퍼의 그림 속 도시처럼 변해 있고, 나는 아주 느린 걸음으로 횡단보도 도강을 시도한다.

다시 한번 도강록.

아내에게 왜 대들었는가? 내가 너무 누워만 있어서 아내는 화가 났다. 나는 왜 누워만 있었는가? 너무 피곤해서였다. 나는 왜 피곤한가? 길 건너 신호등이 깜박거리고 있다. 나는 달리려다 말고 가던 속도 그대로 느리게 걷는다. 아주 천천히 고개를 돌려 눈부신 해를 바라본다. 눈이 부시다. 차는 신호를 놓치지 않는다. 성큼성큼 다가온 차들로 교차로는 금세 거센 강물이 된다. 물은 바다를 향한다. 모든 생명의 고향, 바다. 사람들은 거의 예외 없이 돌아갈 곳이 있다.

카페에 돌아와 빠르게 라면 물을 올리고 귤껍질을 벗겼다. 껍질에서 귤향이 피어올랐다. 향은 나를 멀고도 아득한 기억으로 데려갔다.

어느 낯선 곳을 향하던 장거리 버스에서 옆자리에 앉은 사람이 계속해서 귤을 까먹었다. 나는 그가 귤락이 묻은 손으로 책장을 넘기는 게 신경 쓰였고, 시큼한 귤 냄새와 봉지에 완벽하게 담기지 않은 귤껍질, 귤을 먹을 때 튀는 타액과 귤을 먹을 때마다 꿀렁이는 배가 거슬렸다. 그러던 중 책의 내용이 눈에 들어오고 말았다. 일론 머스크의 스페이스 X가 공군기지로 무탈하게 착륙하는 광경과 예외가 있긴 하지만 무엇이든 돌아오는 이야기에는 늘 매혹된다는 작가의 글에 빠져들어 버렸다. 귤 먹는 사람이 읽고 있던 책이 황정은의 일기라는 것을 알았을 때 귤사람의 얼굴을 빤히 쳐다보는 실수를 했다. 나의 시선을 알아챈 귤사람은 귤락이 잔뜩 묻은 손으로 책을 덮더니 나에게 책을 건네며 어깨에 추임새를 넣었다. 그렇게 도둑 독서를 계속하려면 차라리 빌려달라고 하라는 제스처였다. 나는 거절하지 않고 귤까지 받아먹었다.

해는 완전히 저물었다. 기다리는 사람은 오지 않는다. 내가 그렇듯 서가의 책도 사람을 기다린다. 물론 그중에는 황정은의 일기도 한 권 있다. 오늘은 아내의 마음으로 돌아가는 길을 알아봐야겠다.

적당한 온도

 <작가의 계절> 가을 편을 다 읽고 겨울을 읽고 있다. 가을 편을 읽을 때는 온통 가을이었다. 고개를 들어 보면 창 밖에 낙엽이 우수수 떨어지고 있었다. 밤하늘의 달은 휘영청 밝고, 얼마 남지 않은 일력의 종이도 앙상하듯 가엾게 보였다. 그 밖에 안약, 헤드폰, 핸드크림, 내부순환로, 가위, 반팔티 등 가을과 관계없는 이름들도 존재하기 위해 온 힘을 다해 견디고 있는 건 아닐까? 가을은 그런 것일까? 하며 책장을 넘겼다. 겨울 편은 글자들이 냉기를 품고 있었다. 어떤 문장은 얼음처럼 차가웠다. 나쯔메 소세끼의 화로는 춥다 춥다고 쓰여있는데 화로라는 단어는 어찌나 뜨거운지 화로

라고 소리 내어 읽을 때마다 후끈후끈 열이 올랐다. 신기했다. 얼음, 냉장고라는 단어는 이름 자체로 차갑고 화로, 찜질방, 핫팩, 커피 같은 단어는 그 자체에 온기를 담고 있다는 걸 알게 됐다. 단어는 누가 만들었는지, 작가는 단어로 어떤 문장을 만드는지, 그 글을 읽는 독자의 하루는 어떤 계절일까? 생각해 봤다.

오늘 책방을 찾은 손님은 열 명. 유튜브도 흥미를 잃어간다. 잠시 자리에서 일어나 스트레칭을 했다. 스트레스엔 스트레칭이란 문장이 떠올랐다. 두 개의 단어 사이에서는 어떤 온도도 느끼질 못했다. 모든 단어에 온기가 있는 건 아니었다.

하하가 생일 축하한다며 빵을 건넨다. 당근과 당근 어머니가 푸딩을 사 왔다. 그들이 나타나기 전까지 책방이 지나치게 조용했던 게 스트레스의 원인 일지도 모른다. 반가운 얼굴들과 조금 시끄럽게 보내는 계절이 내게는 가장 적당한 온도이다.

최선을 다하지만 가능한 범위 내에서

계획은 그럴싸했다. 오전에 싱크대 위치를 잡고 순간온수기 공사와 블라인드를 달 계획이었다. 순간온수기를 연결하는데 애를 먹었다. 장소가 협소해서 서랍장 하나 놓을 공간도 없었다. 공사를 해주시는 분은 난색을 표했다. 금방 끝날 줄 알았던 공사는 시간을 잡아먹고 결국 블라인드 설치를 내일로 미루기로 했다. 나는 그런 일로 사장님을 탓하지 않는다. 그런 일은 내일 하더라도 충분하기 때문이다. 공사를 정리할 즈음 회장님과 아이들이 왔다. 나는 아내를 회장님이라고 부른다. 아내는 그럴 자격이 충분하다. 회장님은 고속 고사를 준비해 왔다. 고속이지만 내용은 알차다. 협소한 공간에 향을 피우고 떡을 올렸다. 소주도 준비해 와서 술 좋아하는 조상에게까지 예를 갖췄다. 절을 할 때마다 회장님은 대박나게 해 주세요, 건강하게 해 주세요, 힘들지 않게 해 주세요 라며 운을 띄었다. 구석구석에 팥과 소금을 뿌렸다. 웃고 있었지만 마음은 경건했다. 고사를 지내는 장면이 예뻐 사진에 담아두었다. 회장님은 자리 배치에 아쉬움이 있다고는 했지만 적극적으로 나서지는 않았다. "천천히 해."라는 말을 남길 때 수북수북 친구들이 왔다. 수북수북은 서울여대 학생들의 독서모임이다. 오늘 참가자는 여덟 명인데 모두 앉을 수 있을까요? 라며 조심스럽게 물었다. 나는 아주 뻔뻔하게 당연하지라고 했다. 수북수북은 독서모임을 준비하며 천천히 구경을 했다. 책방 분위기가 아주 마음에 든다고 하며 특히 부속실이 힙하다고 했다. 수북수북의 독서모임이 한참 무르익을 때 동네의 사진작가 권산 님이 창밖에서 사진 찍고 있는 모습을 봤다. 창문 밖에서는 난반사가 심해 좋은 사진을 건지기가 쉽지 않은데 권산 작가님이라면 믿을 수 있다. 얼마 지나지 않아 작가님은 멋진 사진을 보내주었다. 수북수북 친구들은 처음 진행해 본 독서모임의 성과에 고무되어

있었다. 오유경, 한유경, 최정윤...... 또 한 명의 이름은 모른다. 이들의 이름을 외워야겠다고 메모를 해두었다. 밝고 귀여운 친구들이다. 나는 수북수북의 블랙요원으로 참가하고 있다. 친구들이 떠난 후 나는 갑자기 마음이 바빠졌다. 오늘은 수요일 글이다 클럽이 시작되는 날이다. 새로운 참가자와 기존 참가자를 합쳐 10명 이상이 앉을자리를 만들어야 했다. 책장을 이리저리 옮기고, 진열된 책을 치웠더니 얼추 자리가 나왔다. 나는 또 만든다면 만드는 사람이다.

일고여덟 평하는 너비에서 엄청난 책과 잡동사니 상자를 늘어놓고, 밤을 새워가며 공간을 넓혔다. 나는 몇 번은 포기하고 싶은 생각이 들었다. 어떤 사람은 버려야 한다고 하고, 자리 배치가 별로라고 한 사람도 있었다. 다정 어린 잔소리는 이곳에서 흔한 일이다. 어떤 방법이든 꾸역꾸역 앞으로 나아가기만 하자. '최선을 다하지만 가능한 범위 내에서' 이것이 내 그럴싸한 계획이다.

마법 같은 수업

 수채화를 그리면서 중요한 것은 물의 농도였습니다. 물의 양을 극복한다는 것은 이론보다는 경험이란 것을 알면서도 원데이 클래스에는 어떤 마법이 일어날 것이기 때문에 우리는 어려움 없이 붓을 들었습니다. 하지만 수채화는 물을 다스리는 것만이 전부는 아닙니다. 붓의 컨디션도 브랜드마다 차이가 있습니다. 수십 가지 색을 가진 고체 물감 앞에서 의례인 것처럼 붓은 망설이게 됩니다. 쉽게 허락하지 않던 색의 자존심도 넘어서야 했습니다. 물감과 물감을 섞는 팔레트 위의 붓은 탱고의 발자국처럼 두려움 반 설렘 반으로 엉키고 미끄러지며 알 수 없는 색의 변신을 받아들입니다. 이제 수채화 전용 종이의 질감과 순백의 투명함을 이겨낼 그림을 그려야 합니다. 이제부터 그림은 내 뜻이 아니게 됩니다. 번지는 그림에 내 의지를 반영해서 만족하면 그만입니다.

우리는 그림을 그리기 전에 준비해 둔 돌을 하나씩 골랐습니다. 나는 평범한 돌, 설언샘은 무게감 있는 돌, 미정샘은 여러 가지, 준준은 강아지 얼굴이 담긴 돌, 민민은 호두, 얀얀은 조개, 소연은 해변의 유리조각, 송송은 화려한 돌. 우리가 선택한 것들은 모두 자신을 닮았다고 나는 생각했습니다. 준준은 강아지 얼굴이 보이는 돌을 그렸습니다. 아주 만족했습니다. 오래도록 자신의 그림을 감상했습니다. 얀얀이 그린 조개는 작은 건축물 같았습니다. 민민은 호두의 주름을 따라갔습니다. 맑고 투명한 터치로 복잡한 마음을 정리하는데 도움이 되었을 겁니다. 소연의 에메랄드 유리조각은 핑크를 더해 자신의 시집 거의 모든 기쁨이 되었고, 설언님의 무거운 마음은 커다란 돌에 잘 눌러 놓았습니다. 미정샘의 터치는 마루 코트 위를 종횡무진하는 배드민턴 선수처럼 가볍고 빨랐습니다. 송송은 여러 가지 색을 단단히 쌓아 올려 화려하게 마무리했습니다. 나는 푸른빛이 감도는 재색을 깔고 색이 번지는 모양 위에 그린 계열을 살짝살짝 올려서 숲일지도 모르는 알쏭달쏭한 돌이 그려졌습니다.

 선택한 돌과 그려진 그림이 우연이라기 보단 정해진 운명처럼 만들어지는 시간이었습니다. 그래서 더 마법 같은 수업이었습니다.

이국적인 것에 관하여

 알랭 드 보통의 여행의 일기를 읽으며 솔깃했던 건 바베이도스를 소개하는 전단지었다. 그리고 등장하는 '이국적인 것에 관하여'라는 말은 문장의 힘이 얼마나 강력한지를 보여주었다. 짧고 깊고, 강렬하게 '이국적'. 어디선가 불어온 바람이 앞머리를 헝클었다. 바람은 그대로 머릿속을 관통해 어떤 이미지로 안내했다. 한 번도 가본 적이 없는 에메랄드 비치, 야자수, 낮달, 일광욕을 즐기는 사람들, 긴긴 휴가, 구릿빛 피부. 터무니없는 상상력이 불러온 현지보다, 몇 배 더 이국적이고 마는 이 '이국적'이라는 단어가 들어간 문장에 완전히 취했다. 상상에서 깨어나 눈앞에 보이는 '노원구'. '힐링 도시 노원'이라는 문구가 너무나도 가소롭고 하찮아 보인다.

 사실 나는 꽤 오랜 시간 이국적인 것에 매료되어 있었다. 중동 노동자였던 작은 아버지로부터 귀국 선물로 받은 연필에는 저머니라는 영어 단어가 있었다. 통념 외제라고 불리는 것들에는 품격이 있다고 믿었던 시기였다. 연필 한 자루 때문에 그림을 잘 그릴 수 있을 것만 같은, 사대주의라는 말에 잠재했던 이국 병이었다. 그 이후에도 이국 병은 계속되어 외국의 포스터와 디자인을 좋아했고 요하네스버그라든가 포틀랜드, 자비에 돌란이란 이름만 있는 것들도 동경의 대상이 되곤 했다. 하루끼의 유럽 여행기 <먼 북소리>를 읽고 이탈리아 휴양지에서 글쓰는 작가의 하루를 상상해보기도 했고 하루끼가 무수히 우려먹는 재즈 LP바의 바이브를 좋아했다. 지난해 헐렁한 티셔츠에 대한 이야기를 엮어 <하루끼 T>라는 책이 나왔다. 뉴욕과 보스턴, 캘리포니아와 하와이에서 우연히, 가볍게, 어쩌다가 하루끼의 티셔츠가 된 옷들과 그에 따른 이야기를 대수롭지 않게 읽었다. 하루끼의 문장보다 하루끼처럼 외국에서 사 온 티셔츠의 필요함을 느낄 정도로 이상하게 책을 읽은 나는 정말 이국적인 티셔츠 하나쯤 가지고 싶었다. 지금 내가 입고 있는 검은 색티에는 붉은 글씨로 'VIDEO GAME KIDS'라는 영어가 쓰여있긴 하다. 하지만 이 티는 이국적이지 않다. 같은 디자인의 티셔츠가 똑같은 공정으로 서울과 오하이오주에서 만들어진다고 해도 나는 오하이오주에서 만든 티셔츠 한 장쯤 갖고 싶은 것이다. 왜인지는 모르겠다.

마법전

 어느 골목 안, 낮에는 이상할 정도로 눈에 띄지 않고 밤이 깊으면 깊을수록 존재감이 드러나는 신비한 책방이 있다. 가게 안은 아기자기한 취향의 수집품들이 많이 보였는데 특히 눈에 띈 건 '가게 내 마법 사용 가능!' 이란 문장이 어린아이 글씨로 삐뚤빼뚤 쓰여 있는 포스터였다. 여기 진짜로 마법 사용해도 되냐고 물으니, 사장님은 책을 읽다가 귀찮다는 듯이 고개를 한 번 끄덕하고 다시 책장을 넘겼다. 어떤 마법을 사용해도 되는지 물어보고 싶었지만 사장님의 표정을 보고 질문을 거둬들였다. 마법 사용 가능이란 글자를 천천히 읽으며 내가 사용할 줄 아는 마법이 혹시나 있는지 골똘히 생각해 봤다. 물론, 지금까지 마법을 사용해 본 일은 단 한 번도 없지만 저 글자를 계속 바라보고 있으니 나에게도 특별한 마법의 능력이 하나쯤 있을 것만 같았다. 어떤 말들이 하나둘씩 꿈틀거리는 것 같아서 노트를 꺼내 메모했다. 노트에는 바베이도스, 이국적인 것들, 이미그레이션, 사라지는 사람들 등 이해할 수 없는 단어들이 빼곡한 가운데 '떠나고 싶다'라고 쓴 문장을 발견하고 이거다 싶어 동그라미를 쳤다. 노트를 덮고 왠지 홀가분한 기분이 들었을 때 스마트폰 알림이 울렸다. 유럽 여행 상품권에 당첨되었다는 문자였다.

매우 초록

얼마전 가게 누수 사건 이후로 비에 관해 굉장히 예민해져 있는 게 사실이다. 건물주에게 빠른 대처를 부탁했지만 공사한다고 들어온 업체의 태도가 만족스럽지 못했다. 공사 이후, 비 새는 건 어떠냐는 질문을 많이 받는다. 하지만 그 이후로 비가 내리지 않아서 대답할 수 없었다. 비 걱정 하나로 봄은 끝났다. 어느새 한낮 기온 30도를 넘는 무더위의 계절이 왔다. 계절의 변화 정도로 정신을 차리기 힘들다. 올 여름은 비가 많다는 정보가 벌써부터 떠돌고 있다. 기상 유튜버에 따르면 7월은 3일만 빼고 전부 우산을 들고 다녀야 할 것이라고 한다. 여름이 멀게 느껴지지 않는다. 걱정이 코앞이다. 5월 전시, 6월 국제도서전, 굵직한 스케줄 몇 개만 치루고 나면 잠시 부려볼 여유도 없이 계절이 바뀌는 것이다. 그러면 바로 장마가 시작된다. 체감하는 계절은 단호하고 빠르게 나아갈 것이다. 덥다, 비 온다, 흐리다, 바람이 세거나, 황사가 심하다 정도의 불평보다 현명한 대안이 있어야한다.

오늘 오전은 손님이 없었다. 가게 입구를 통해 정면으로 보이는 7차선 횡단 보도를 바라보다가 오가는 사람들의 수를 세어 보는 것도 나의 일이다. 열 명이 건너오는데 다섯 명이 왼쪽으로 갔고 네 명은 오른쪽으로 갔다. 나머지 한 명은 오던 길을 되돌아갔다. 나는 당황하는 법이 없다. 다시 노트북으로 시선을 돌렸다.

노트북 모니터에는 여러가지 프로그램이 가동되고 있다. 책 편집을 위해 인디자인, 현수막 디자인을 위해 일러스트, 주문 받은 그림을 출력하기 위해 포토샵이 열려 있다. 나는 이토록 동시다발적인 일을 처리 하기도 한다.

3시에는 지인 세 명이 왔다. 지난 주에 했던 약속을 위해 그들과 잠시 외출 했다. 바람이 불고 더운 날씨였다. 긴팔을 입고 있는 나에게 덥지 않냐고 물었지만 그

건 나에게 아무런 문제도 되지않았다. 돌아오니 6시가 넘어가고 있었다. 해는 약간 기울어 서늘한 바람이 불어왔다. 무엇에 쫓기는지도 모르게 내 걸음은 바쁘게 움직였다. 함께한 동료들에게 들키고 싶지 않았다. 그런데도 나는 맨 앞에서 가게로 향하고 있었다.

가게로 온다고 달라지는 건 없다. 시간은 빠르게 흐르고 나는 할 일을 했던가? 생각해본다.

민민이 와서 책을 구입했다. 한 권은 예쁘고 궁금해서 샀지만 읽어보니 자신과 잘 안 맞는 것 같다고 했는데 나는 조금 미안한 생각이 들었다. 다른 책을 권해봤다. 하지만 그건 자칫 오해의 여지가 있는 행동이었다. 조심하자고 생각하자 한숨이 나왔다.

요즘 나에게 기쁜 일이 있었는가는 생각나지 않는다. 매우 허덕이는 날을 지내왔지만 또 그렇게 우울하지도 않았다. 글을 쓰는 내내 잘 자라고 있는 몬스테라 하나만 유독 초록초록하고 건강하다는 생각이 들었다.

졸린 눈의 코끼리 얼굴

어젯밤 국물 떡볶이를 먹지 말았어야 했다. 국물 떡볶이는 조금 억울할 수도 있겠다.

아침에 일어나 세수를 하는데 얼굴에 닿는 촉감이 코끼리를 만지는 기분이었다. 굳이 거울로 코끼리가 아닌지 확인하고 싶지 않았다. 거울을 안 본 지 오래됐다. 보고 싶지 않다. 로션을 두 배나 짜야 하는 것은 아닐까 잠시 생각했다.

오늘은 9시에 일어났다. 최근엔 7시. 나의 기상 시간이 점점 늘어난다. 예전엔 새벽잠이 없어 6시에 수영을 하기도 하고 4시부터 영화를 보기도 했었다. 이젠 그럴 수 없다. 자는 시간은 늘어났지만, 여전히 졸리다. 어쩌면 자는 동안에도 자려 하고 있을지도 모른다. 세수만 하고 나왔다. 버스에서는 내내 졸았다. 잠을 깨려고 루팡3세 OST를 들었으나 그거와 무관하게 졸고 있었다.

10시 오픈인 책방이지만 오늘은 지각을 했다. 10시 15분이 돼서야 준비가 끝났다. 루팡 3세를 선곡했다. 오늘은 계속 이 곡으로 가야겠다. 잠에 관한 반응이 모두 얼굴로 몰리는 느낌이다. 푸석한 피부, 부스스한 눈매, 늘어진 눈꺼풀, 다크서클, 가려움, 하품. 손바닥을 펴서 얼굴을 비비다가 또다시 코끼리 얼굴 생각을 한다. 얼굴이 너무 넓다. 책상에 앉아 주문할 책을 검색한다. 개성 있는 책들 프로파간다. 그림 그리고 싶은 동기 유발 작가 KIMI and 12. 언제라도 누구에게나 권하고 싶은 책 박준과 황정은을 주문한다.

오늘 난 왜 이렇게 무기력한 것일까. 12시 가까운 시간이 되자 심상치 않은 손님이 들어와 싱거운 농담을 던진다. 받아줄 여력이 없다. 손님은 자기와 어울릴 만한 책을 두 권 정도 권해주라고 한다. 귀찮은 손님이다. 아메리카노를 내리며 손님의 외모 말투 행동을 분석하기 시도했지만, 머리가 기동을 거부한다. 더쿠의 책과 박준 산문집을 권했다. 다른 사람의 글은 좋아하지 않지만 무조건 읽어보겠다 한다. 어느 상황이라도 책을 파는 건 기분 좋은 일이다. 손님은 휴대폰을 검색하더니 자기가 쓴 시를 읽어 줄 수 있겠느냐며 휴대폰을 내민다. 글을 모른다고 하고 싶었다. 어떻게 감상을 말하나 싶은 글들로 나열돼 있었다. 그럴 때는 모든 글에 해당하는 만능 감상평이 있었으면 한다. 실제로 지구 문학 어딘가에 그런 문장이 존재한다 한들 내가 그것을 알 리가 없다. 무슨 일인지 요즘 자기 글을 읽어 달라는 사람이 많다. 심야식당 메시야의 마스터가 된 기분이다. 그것은 나쁘지 않은 상상이다.

이어 부부로 보이는 손님이 들어왔다. 행색은 등산복 차림이다. 주말이면 등산복 차림의 손님이 들리신다. 두 분은 아메리카노와 라떼를 주문하고 책방 내의 모든 물건을 천천히 둘러 보신다.

가끔 그림을 보고 속닥거린다. 라테의 스팀 우유 거품이 잘 나왔다. 그래서 조금 무리해 라떼 거품에 그림을 올렸다. 일반적으로는 라떼 아트라 하지만 내 경우엔 그냥 그림이다. 가끔 사람 얼굴이기도 하고 새였다가 돼지 꼬리인적도 있었다. 나의 라떼 그림은 상황에 따라 달라지는 랜덤 아트이다. 두 분은 모두 라떼 랜덤 아트에 만족해하시고 스마트폰을 꺼내 사진을 찍는다. 그리고 곧 나를 불러 초상화를 청한다. 여자분은 그리자고 하고 남자분은 고개를 저으며 강한 거부를 표현하신다. 결국엔 두 분다 그렸다. 두 분 모두 만족하신다.

그들이 나가시고 아직 더 이상 손님은 없다. 난 여전히 졸리고 두 번째 커피를 마신다.

몸 아픈 게 마음이 아파 사는 것보다

비는 뿌옇게 내렸다. 내린다는 말보다 떠다닌다는 표현이 맞을 것 같다.

조금 차가워졌고 한 발 더 겨울에 가까워졌다.

뭔지 모를 압박감이 공기 중에 감돈다. 쇼핑을 해도 그렇고 책을 읽어도 그랬다. 딱히 갈 곳이 없었다.

공허하게 인터넷을 뒤적이다 차라리 아프면 좋겠다고 생각했다. 열이 나고 스산한 몸서리에 삭신이 괴로워도 아픈 게 낫겠다고 생각했다. 따뜻한 이불 안에서 사람들의 걱정을 받고 온종일 누워 있는 것도 나쁘진 않겠다. 몸 아픈 게 마음이 아파 사는 것보다 낫겠다. 사는 걱정, 일 걱정, 돈 걱정, 사람 걱정으로 마음 곪

아 사는 것보다 낫겠다. 아파서 내 몸 생각만 하면 차라리 낫겠다. 이웃 카페에서 공짜 커피를 마시고, 나의 안부와 건강과 고독을 그리다 노트를 접는다.

이제 돌아가야겠다.

그나마 다행인 것은

　버스 옆자리의 아저씨는 스마트폰으로 주식을 확인하고. 그의 색은 파란색. 얼굴이 어둡다. 여고생 셋의 수다는 버스를 흔들고. 그들의 색은 빨강, 노랑, 초록. 신호등. 신호등이 내리고 버스는 다시 조용해졌다. 지난밤, 편집일로 퇴근을 하지 못했다. 첫차를 타고 집으로 가는 내내 졸았다. 나의 색은 찌든 노란 색이었다. 오줌색. 서둘러 잠을 청했지만 잠들지 못했다. 이럴 땐 팟캐스트를 듣는다. 이동진의 빨간책방을 들었으니 나의 색은 빨간색으로 변했다. 12시에 일어나 아내가 차려준 아침을 점심에 먹는다. 아내의 목소리는 말라 있었다. 머리 좀 깎아. 별 대꾸 없이 알았다는 의미로 고개만 끄덕였다. 아내의 목소리는 물기가 빠진 오징어 색이다. 콩자반의 검정이 내가 입은 스웨터의 검정과 같았다. 콩자반 몇 알을 먹고 나는 검은색이 되었다.

 다시 버스. 전화벨은 정적을 무너뜨린 후 완준의 목소리로 바뀌었다. 오랜 영업으로 다져진 톤은 언제나 호감이 실려있다. 어디에요? 나의 위치를 묻는다. 20분 후면 도착해. 그럼 기다릴게요. 전화를 끊자마자 휴대폰 베터리가 제로가 됐다. 검정 휴대폰을 물색 에코백에 밀어 넣고 흰색 이어폰을 뺐다. 완준은 세련된 회색이라 생각했다. 버스 안으로 강한 햇빛이 사선을 그으며 존재를 드러낸다. 버스 창에 기댄 채로 물길을 역으로 오르는 연어처럼 빛을 따라 고개를 들어 태양을 향했다. 눈을 감으면 빨강이 눈꺼풀을 투과하며 옅게 번진다. 그건 빨강이 아니다. 빨강에 가까우나 조금 다르다. 노랑이 섞인 빨강. 녹이 묻은 주황이다. 버스가 출렁일 때마다, 눈꺼풀에 녹이 한 꺼풀씩 벗겨는 느낌이었다. 그럴 때마다 옅은 핑크가 나타났다가 이내 사라진다. 터널을 지날 즈음. 꼭 잡으세요란 기사님의 목소리가 들린다. 1132번의 인사 잘하시는 기사님은 유명하다. 서울시에서 상도 받았다고 한다. 기사님의 목소리에는 코너링이 있다. 꼬~옥 잡으세요~ 안녕히 가세요~. 그 목소린 물미역의 진한 녹색이었다. 버스에서 내린다. 땅에 닿는 나의 운동화. 그것은 더는 검정이 아니었다. 운동화는 몸의 끝자락에서 한때 피부였으나 지금은 재색 부스러기로 변한 발의 고약한 냄새를 참아가며 살아내고 있다. 고민 만큼의 무게를 버텨내고, 굽을 꺾는 주인의 나쁜 습관으로 인해 뽀대로 뭉쳐있던 검정은 간데없고 노인의 거죽과도 같은 색깔로 변해 있었다.

가을이 지나가고 동네는 비린내만 남은 썩은 멸치 색이었다. 조금 걸었더니 고름 같은 농한 노린내가 나는 색으로 피곤이 꿈틀거린다. 횡단보도 건너편, 나의 지구불시착이 보인다. 그곳은 아직 초록이 남아있으면 했다. 키미 앤 12의 그림처럼 그냥 초록이 아니고 노랑과 파랑이 어우러진 그린, 빨강도 약간 섞인 노랑과 노랑이 약간 섞인 빨강이 조화로웠으면 한다. 그러나 내가 쓸 줄 아는 색은 오로지 검정뿐이다. 그나마 다행인 것은 조금 더 연한 검정과 약간 더 진한 검정을 겨우 구별하고 있다는 것일지도 모른다. 오늘의 나는 어떤 색일까?

기분 좋게 인사

 어제는 책을 한 권도 팔지 못하다가 폐점 시간에 만취한 손님 둘이 와서 카푸치노를 시켜 드시고 선물로 책을 한 권씩 사 가셨습니다. 하루에 책 두 권을 팔아서는 책방이라 할 수 없겠지만, 공치는 날도 워낙 많아서 두 권이 어디입니까,라며 기쁘게 마감했습니다. 사는 거 별거 아닙니다. 좋았다 나빴다 하는 거죠. 아침 출근길에 구청에서 전화가 왔습니다. 대뜸 구청인데 자료집을 이런 식으로 하시면 돈을 지급할 수 없다는 겁니다. 디자인이 안 보인다는 것이었습니다. 지역 예술인 인터뷰 모음집을 편집하고 있었고, 구청에는 가시안이 전달된 모양입니다. 디자인이 보이지 않는다는 것도 이해가 안 가지만 돈을 지급 못한다는 말이 평온한 하루를 작정하고 엉망으로 만들겠다는 심사 비틀어진 어투로 들려서 기가 막혔습니다. 나는 그 사람과 얼굴 한 번 전화 통화 한 번 한 적 없는데도 말입니다. 사실 오전 내내 이 말에 연연하고 있습니다. 툴툴 털어 버리고 싶은데도 잘 안 되네요.

맥주를 납품하시는 분이 오셔서 무료 커피를 제공했더니 기분 좋게 인사하고 가셨어요. 그 인사를 듣고 저도 약간은 좋아졌습니다. 택배 아저씨에게도 따뜻한 커피를 드려야겠어요. 누구의 탓은 안 하기로 했습니다. 그리고 이런 날은 조금 더 따뜻한 일을 해 보겠습니다. 내 기분이 좋아질 수 있도록 말입니다.

어느 여름

 여름 더위는 기를 쓰고 할 일을 했다. 매년 사람들은 올여름 폭염이 새로운 기록을 경신했다는 뉴스를 들어야만 했다. 여름은 사람을 들뜨게 하고, 더위는 사람의 몸을 지치게 만들었다. 마음과 몸은 8월의 정중앙에서 충돌했지만 그것은 무의미한 일이었다. 사람이 하는 일이 다 그렇다. 올해는 기필코 휴가를 지켜내자고 지난 여름에도 지난여름에도 조금 전까지만 해도 다짐을 했었다. 동해는 멀고, 여수는 더 멀고, 경주는 더더 멀다고, 나가봐야 덥기나 하지라고 말하는 건 몸이었다. 마음은 시원한 파도, 드라이브, 맛있는 수박과 끝도 없는 이야기가 있다며 기대를 부풀렸다.

습하다. 버스를 기다리는 동안 매미도 할 일을 한다. 경쟁을 하듯 소리를 지른다. 매미는 갈 곳이 없어서 우는 걸까? 나는 아무 버스나 올라탈 용기가 나지 않는다. 그래서 오늘도 그곳으로 향한다. 마음은 마음이 원하는 곳으로 보내고, 몸은 몸이 원하는 곳으로 간다. 결국 사람이 하는 일이 다 그렇다.

여름이 한창인 때 인간의 반은 누군가를 기다리며 살고 나머지 반은 누군가를 만나기 위해 떠난다. 이런 말도 안 되는 소리를 소설로 써보면 어떨까? 지루한 시간은 길고 재밌는 시간은 짧게 느껴지는 법이다. 말도 안 되는 소설을 생각하는 시간은 지루하다 못해 거의 멈춰있었다. 이런 방법으로 시간을 멈출 수 있다면 멈춰진 시간 속에서 어디론가 훌쩍 떠날 수 있을 텐데. 나는 자리에서 일어나 밖으로 나갔다. 햇빛은 시멘트 바닥에 맹폭을 가하고 화초들의 땅은 쩍쩍 갈라져있었다. 나는 가만히 서서 매미의 소리를 들었다. 매미 소리가 일제히 치솟았다가 일제히 멈췄다. 주위를 둘러봐도 누구 하나 움직이는 사람 없는 시간이 멈춘듯한 골목에서 바람 한 점 비켜갈 틈도 없이 여름은 딱 버티고 있었다.

지금의 약속

 할 일을 하나로 정하기가 어렵다. 책을 읽다가 그림을 그리기도 하고, 인터넷을 보다 인스타를 보기도 하고, 다시 그림을 그리다, 책을 읽다가, 유튜브를 보다가, 팟캐스트를 듣고, 글을 쓰다가, 책을 읽다가, 그림을 그리며 하루가 지난다. 그런데 질리지도 않고, 싫지도 않고, 그렇게 좋지도 않으면서 또 하루를 보낸다. 지난 시절 아무리 책을 읽고 싶고, 그림이 그리고 싶어도 일 하나만 하던 시절이 있었다. 그때 나에겐 제법 돈이 있었다. 지금은 돈이 없다.

 지난날로 돌아가고 싶다고 썼다가, 지웠다가, 다시 썼다가, 결국에 지웠다. 나에게 어울리던 일을 하고 싶었다고 말하던 시절보다 어울리는 일을 하고 있으니 조금 더 행복하게 살아보자. 나보다 갑절은 나를 부러워하며 사는 사람도 있을 테니 내일도 오늘처럼 약간만 더 여유를 가져보자. 글도 쓰고, 그림도 그리고, 책도 만들고, 티셔츠도 만들고, 내 글을 읽는 사람들이, 내 그림을 좋아하는 사람들이, 내 티셔츠를 입는 사람들이, 모두 행복해질 수 있도록 내가 더 해보자는 것이 지금의 약속이다.

특별 외출

 종묘 옆 서순라길을 좀 걸었습니다. 오랜만에 해가 떠 있는 시간 외출을 하였습니다. 겨우 모든 게 좋았다고 말할 수밖에 없는 나의 표현의 한계가 아쉽습니다. 나는 이런 순간을 아주 사랑합니다. 해가 길어졌음을 느끼는 이 순간은 매년 이맘때 한 번쯤 경험하는 시간입니다. 업무를 마치고 답답한 사무실에서 나와 푸름이 어렴풋이 남아있는 하늘을 볼 수 있던 것만으로도 황홀감에 빠지곤 했었습니다. 아주 적당한 바람이 폐를 파고듭니다. 이 바람은 어디서부터 달아왔는지 아마도 봄의 내음이 희미하게 묻어있음을 가슴은 알고 있습니다. 오늘 유난히 끈기 있게 내려앉는 노을 속에서 근사한 봄을 마주하는 희망을 아주 잠깐 생각해봤습니다. 종묘를 끼고 골목에 들어서면 작은 공방과 분위기 있는 카페들이 많습니다. 가게마다 개성 있게 발산하는 노란 조명은 창에 어려 이기기 힘든 유혹을 합니다. 그 유혹을 뿌리치고 나는 좀더 걸어보기로 했습니다. 손님을 기다리는 가게 앞 플라스틱 의자도, 전신주에 기대어 있는 리어커도, 오래된 돌담 사이에 막 고개를 내민 여린 초록도 각자의 할 일을 아는 모양입니다. 그냥 이 시간에 존재하기만 하면 그만일 것입니다. 그들은 이 골목에 대해 모르는 것이 없듯 자연스럽습니다.

골목을 나와 택시를 탔습니다. 도시와 고궁 사이로 달리는 택시에서도 연신 셔터를 누르며 감탄했습니다. 노을을 품은 도시를 그림으로 채우기에는 내가 가진 색이 너무 모자라 다 그릴 수가 없을 정도로 예쁩니다. 나는 생각했습니다. 좋아하는 것, 좋아하는 것들, 좋아하는 사람, 좋아하는 가족, 그림, 노래, 영화, 책 이런 것들만 생각하며 긴긴 겨울잠에서 이제 막 내려온 행운 한 움큼을 주머니 깊숙이 밀어두었습니다.

마치 어두운 감옥에서 특별 외출을 받아 나온 사람처

럼 도시 구경에 넋을 놓았지만 불안하지 않았습니다.

대범한 상상

그림은 어떤가요? 마음이 편안해지는 그림을 그리고 싶었는데 쉽지 않습니다. 어제 비가 많이 왔어요. 요즘은 비가 오면 불안해지곤 합니다. 책방에 비가 새서 책이 많이 상한 게 이유입니다. 저는 원래 비를 좋아하는 사람입니다. 작은 비를 보면 한숨 쉬어갈 수 있는 여유를 갖게 되어서 좋고, 큰 비를 만나면 분주해지는 사람들의 걸음이나, 펑하고 켜지는 우산 소리가 이벤트 같아서 좋았습니다. 그런데 이번 장마는 평화와는 거리가 느껴집니다.

최근에는 편안한 마음을 위해 그림을 그리거나 글을 쓰는 시간이 많아졌습니다. 그런 시간은 꽤 효과를 보고 있습니다. 당신은 글쓰기를 좋아하나요? 그림 그리기를 좋아하나요? 저에게 물으신다면, 요즘은 글쓰기라고 대답할 것 같아요. 당신은 어때요?

 마포 서강도서관에서 대범한 상상을 주제로 3회차 강연 의뢰를 받았습니다. 대상은 중학생 아이들이라고 합니다. 오늘은 첫째 날이고 글쓰기를 수업할 예정입니다. 집에서 마포까지의 거리는 1시간 정도를 예상했는데 조금 일찍 도착했습니다. 카페에 들어가 커피를 주문했습니다. 차를 마시고 싶었지만 커피만 있고 차는 없었습니다. 카페에 앉아 커피를 마시면서 차를 마시고 싶다는 생각을 했습니다. 요즘 차가 좋습니다. 따뜻한 차를 마시면 어른이 된 기분이 들어요. 차는 시간을 차분하게 만들어서 차인가 봅니다. 차가 없다니, 차분한 시간을 방해받는 느낌이 들었습니다. 기분이 별로였습니다. 사실은 그렇게 큰 문제는 아닙니다. 문제라면 차가 없고 커피가 있는 정도인데 커피도 나쁘지 않습니다. 이 정도로 사소한 걱정이 전부인 오늘이라면 극복도 시간 문제입니다. 당신에게 행복이 뭘까요? 묻고 싶어지는 아침입니다. 다행히도 이 카페에는 마음에 드는 음악이 흐르고 있습니다. 블르하츠의 린다린다가 반복재생되고 있습니다. 한때 즐겨 듣던 노래입니다.

저에게는 한 가지 숨기고 있는 비밀이 있습니다. 지금 당신에게 말해야겠다는 생각이 듭니다. 10년 만에 듣는 린다린다 때문이라고 해도 괜찮겠습니다. 비밀은 어떤 걱정이라도 잠시 분리시킬 수 있는 방법이 있다는 겁니다. 사람들에게는 끝도 없이 고민이 생겨납니다. 그 고민을 어디에다 두고 살까요? 저는 그 고민이 모여 창고처럼 쓰이는 장소를 알고 있습니다. 바로 그림자였습니다. 고민을 먹고 사는 그림자를 풀어놓으면 아, 그것은 그림자를 몸에서 약간 떼어놓으면 가능합니다. 저는 그림자를 분리하는 방법을 알고 있어요. 그것은 아주 간단합니다. 눈을 감고 마음속으로 풀어져 하고 말하면 몸과 그림자의 페어링이 해제됩니다. 아직 다른 사람들에게는 이야기하지 않았습니다. 그래서 페어링 분리가 다른 사람에게도 효과가 있는지 모르겠습니다. 아무튼 그림자가 분리되면 더 이상 고민이 생기지 않습니다. 커피를 마시는 동안에는 고민을 하지 않기 위해 페어링을 해제합니다. 그러면 생각이 가벼워집니다. 현재 시간은 9시를 조금 넘은 시간인데 카페는 적당히 사람들이 있습니다.

"요즘 좋아하는 아이돌 있어?" 옆자리의 대화를 듣고 나도 생각해 보았지만 요즘 아이돌은 도통 떠오르는 얼굴이 없습니다. 세대차이를 느끼게 되는 일이 한 둘이 아닙니다. 다른 생각을 해보기로 합니다. 앗 실수였습니다. 그림자가 슬며시 다가와서 발끝에 도킹을 시도합니다. 재빠르게 눈을 감고 페어링 해제를 명령합니다. 위험했습니다. 연필과 노트를 꺼내어 동그라미를 그려봅니다. 아주 천천히. 동그라미를 그리는 일은 차를 마시는 것과 같습니다. 마음이 비워지고 그림자가 멀어집니다. 커피잔을 하나 더 그리고 그 아래 이렇게 썼습니다. 좋은 것만 생각해 볼까요? 이제 편안한 마음으로 돌아왔습니다. 그림자는 질투하는 모양으로 다리를 꼬고 있습니다. 남은 커피를 마시고 노트와 연필을 챙기고 카페를 나서려다가 그만 넘어지고 말았습니다. 심술 많은 그림자가 발을 걸었기 때문입니다.

*이 글은 서강도서관에서 어린이를 대상으로 진행한 "대범한 상상"이란 프로그램 중 문장 숨겨둔 속에 여러 가지 미션을 클리어하며 쓴 글입니다.

플레이리스트

 음악 없이는 못 살 것 같은 때가 있었다. 수입이 생길 때마다 카세트테이프를 하나씩 구입했다. 그것은 Bohemian Rhapsody였다가 Welcome to the Jungle이었고 I`ll Be There For You이기도 했다. 이어폰을 꽂고 볼륨을 끌어올렸다. 귓속에 소리가 꽉 차면 새로운 세상이 만들어지곤 했다. 현실과의 단절을 통해서 나만의 세상이 되었다. 그 노랜 또 Vangelis처럼 불꽃 전차를 만들어 달리게 하고, 장국영처럼 맘보를 추게도 했다. A Whiter Shade of Pale처럼 시의 영역으로 빠져들기도 했다. 나는 거의 모든 장르의 음악을 좋아했다. 음악은 담배와 음주, 마약 같은 불량 세계로부터 나를 보호해주는 안전지대였다.

 지금 스마트폰에는 음악이 하나도 들어있지 않다. 음악과 멀어져서가 아니다. 시대의 흐름이 다운로드에서 스트리밍으로 변한 이유도 있을지 모른다. 설마 그런 일이 없더라도 앨범을 구매하거나, 플레이리스트를 만들거나 하는 일에서 큰 감흥을 느끼지 못했을 것이다. 오히려 ASMR같은 백색 소음이나 팟케스트, 책 읽어주는 북튜버의 목소리에서 마음이 평온해진다. 영화 봄날은 간다에서 은수의 허밍 같은 나른함이 지금의 나에게 잘 맞는 음악일 수도 있다. 대부분의 하루를 보내는 곳이 카페이고 이 공간의 음악을 끊기지 않도록 해야 하는 것도 업무 중 하나이다. 카페 음악은 주로 유튜브를 통해 조달하는데 보통은 보사노바 같은 경음악을 듣기도 하고 스타벅스 풍의 노래를 틀기도 하지만 가끔 나의 주장을 내세워 추억의 노래를 들어보기도 한다. Zard, Dreams Come True, サザンオールスターズ 같은 추억의 일본노래를 틀어 놓기도 하고 이랑, 잔나비 같은 좋아하는 인디밴드의 노래도 카페 리스트 중의 하나이긴 하나, 요즘은 새로운 곡이 듣고 싶다는 이유로 씨티 팝 종류의 알고리즘에 의지하는 편이다.

그런 요즘, 날아들어 온 음악이 있다. 유튜브 알고리즘이 가져다준 선물이었다. 'Till It's Over ' 알고 보니 애플 광고로 유명한 노래였다. 카페 분위기에 더할 나위 없을 정도로 스마트한 뮤직이다. 들을 때마다 애플의 선곡과 시대를 리드하는 감각에 탄복할 따름이다. 내가 잠시 한눈을 팔 때면 카페와 책방의 사물들이 곡의 멜로디를 기다렸던 것처럼 춤을 출지도 모르는 일이다. 정말이지 오랜만에 애플 광고 음악으로 플레이리스트를 만들었다. 성능이 좋은 헤드폰을 통해 또 다른 세상으로 연결되는 통로를 걸어보고 싶다.

살아온 날들의 기적

 오늘 주제로 살아온 날들의 기적에 대하여 쓰기로 했다. 말하고 나서 아차 했다. 시간을 되돌릴 수 있다면, 바둑이나 장기처럼 한 수 무르기가 적용된다면 다른 주제로 정할 것이다. 그래야만 했다. 기적이라니 얼마나 올드한가. 내 삶의 부끄러움을 온통 드러내야 할 것 같은 예감이 든다.

 굉장히 낯설다. 12명의 사람이 나를 보고 있다. 그들의 목적은 저마다 다를 것이다. 글쓰기를 위해 또는 책을 만들기 위해, 글쓰기 강좌로 알고 오신 분도 있을 것이다. 몇 명은 실망할 수도 있다. 안타깝게도 나에게는 글을 가르칠 문학적 소양이 없다. 도서관은 유명 작가를 초청해 글쓰기 노하우를 제공할 수 있다. 참가자들은 작가의 아웃풋을 흡수할 준비를 하고 온다. 대부분의 사람들이 바라는 것일지도 모른다. 눈빛이 다부지다. 그런 눈빛에 나는 주눅이 든다. 책방에서는 체험을 통한 글쓰기가 일반적이다. 소설, 시, 에세이 장르를 망라하고 글이면 충분했다. '잘 쓴 글'이 아니라 '쓴 글'이 중요했다. 나는 그런 글을 써 왔다. 책방에는 글이다클럽이라는 프로그램이 있다. 글이다클럽은 정해진 시간 내에 어떻게든 완성된 글쓰기를 목표로 한다. 전문가를 초빙해 글쓰기 강좌를 열거나 글 쓰는 팁을 공유하진 않는다. 참가자들은 내가 담고 있는 그릇을 빠르게 파악하고, 오손도손 알아서 잘한다. 나는 그런 분위기에 강하다. 지금 여기 모인 12명의 사람과 나는 아마 이런 싸움을 할 것이다. 밀고 당기기. 분위기가 팽팽하다. 나는 글쓰기에 대해 이렇게 말한다. 그것은 아주 쉬운 일이다. 쓰려고 하니까 써지더라. 이렇게 해서 책까지 낸 사람이다라며 들고 있는 책을 보여줬다. 안 믿어 줄 것 같아서였다. 나는 아직 사람들이 무섭다. 하지만 곧 괜찮아질 것이다. 여기는 지구불시착이기 때문이다. 하루 12시간 이상 머무는 곳. 나의 홈그라운드! 나는 더 뻔뻔해져야만 한다. 내가 뻔뻔할 때 사람들이 웃는다. 사람들이 웃으면 나도 웃는다.

지구불시착에는 위대한 법칙이 하나 있다. 에라모르겠다의 법칙이다. 불가능을 가능으로 만드는 법칙이기도 하면서 부끄러움을 용기로 바꾸는 법칙이다. 미완성을 완성으로 치닫게 하고 지배하던 불안한 마음이 안도감이 되는 힘이 에라모르겠다의 법칙에 존재한다. 그 힘을 믿는다. 오늘 그 힘이 나에게 기적이 될 것이다. 기적이 되었으면 좋겠다. 나는 아직 사람들의 눈치를 본다.

사람들은 글을 쓰기 시작한다. 몇몇은 노트북에, 또 몇몇은 공책에 쓴다. 나는 글 쓰는 사람들의 모습을 좋아한다. 글이 나아가지 않더라도 계속해서 쓰는 사람을 동경해 왔다. 최근에는 이슬아 작가의 글을 읽으며 부러움과 동경을 느꼈다. 글을 잘 쓰고 싶다. 하지만 동시에 글 쓰는 모습에 만족하기도 한다. 그것이 바로 글 간지이다. 글 쓰는 사람에게는 분위기가 있다. 분위기는 글을 나아가게 한다. 작가는 스스로 분위기를 만들고 분위기는 작가의 글에 풍미를 더한다. 따라서 나의 글쓰기는 분위기로 시작하고 에라 모르겠다로 마무리 된다. <분위기와 에라 모르겠다>는 게임으로 표현하면 에이스 원 페어와 다르지 않다. 승률이 높아지는 게임이다. 누군가는 먼 곳을 응시하는 선택을 한다. 천장과 조명 사이의 어딘가에서 해답을 구하고 있는지도 모르겠다. 또 누구는 제법 긴 글을 썼고, 그 옆 사람은 중간까지 써 내려간 문장을 통째로 날려버리고 다시 쓰고 있다. 아직 두꺼운 외투를 벗지 않은 사람도 있다. 금방이라도 가방을 들고 일어날 것만 같다. 어딘가 불편하다는 증거일 수도 있다.

오늘부터 기온이 급락한다는 뉴스를 들은 아내는 두꺼운 점퍼를 꺼내 입으라고 했다. 저녁엔 꽤 쌀쌀할 거라 말했다. 창밖에 바람이 거세다. 나뭇잎이 우수수 떨어지고 굴러다닌다. 내 맘도 함께 떨어져 굴러다닌다. 음악이 필요한 시간이다.

유튜브 창을 열고 글쓰기 좋은 음악을 검색하면 다양한 리스트가 나온다. 의자를 끌어당기고 향이 좋은 핸드크림을 바르는 것과 글쓰기 좋은 음악을 듣는 것은 글을 쓰기에 이유 있는 비법이 될 수도 있다. 무라카미 하루끼는 좋은 루틴이 좋은 글을 쓰게 한다고 했다. 소설가 김훈은 연필을 준비한다. 어느 시인은 글쓰기를 위해 책방 지구불시착에 온다.

멜로디가 나오자 마주 앉은 분의 얼굴이 밝아졌다. 말로 하지 않았지만, 숨통이 트인다고 말하는 것 같았다. 다행이었다.

허공을 주시하던 분은 글을 써본 적이 많지 않아 걱정이었는데 그냥 편하게 마음먹고 쓰려고 하니 어떻게든 써지더라고 말씀하시며 문을 나섰다. 밖이 보고 싶다고 입구에 앉으신 분은 여기까지 온 것 자체가 또 하나의 기적일 거라며 말씀하셨다. 두꺼운 외투를 입고 있던 분은 아무 말씀도 없이 들어온 길로 나가셨다. 횡설수설했던 나의 이야기를 가장 잘 들어주신 분은 얼마 전 책방을 방문하셔서 내 책을 구입하셨다고 하시고 책방의 다른 프로그램도 관심 있다고 말씀해주셨다.

 사람들이 모두 사라지고 책방 조명을 3분의 1만 남겨뒀다. 최근 가장 좋아하는 새싹 보리차를 준비했다. 컴퓨터 앞에서 오늘 쓴 원고를 고쳐 쓰며 문득 아주 갑자기 오래전 애니메이션 사랑의 학교 주제가가 생각나 흥얼거렸다.

"오늘은 이라고 쓰고서 나는 잠깐 생각한다. 어떤 하루였나 하고 점수를 주게 되면 몇 점일까?"

4부

하루끼는 불가능 하루끼처럼은 가능

나는 손님이 없을 땐 입구를 바라보는 습관이 있다.
그리곤 곧 시선을 거두어 몬스테라와
수박 페페, 유칼립투스, 벤자민을 본다.
책방이 가득 찬 느낌이다.

하루끼는 불가능
하루끼처럼은 가능

 하루끼는 글을 잘 쓴다. 독특한 문장으로 끈적하게 끌고 가기도 하고, 아무것도 아닌 걸 있는 것처럼 쓰기도 한다. 말하는 고양이가 나오는가 하면 아무것도 하지 않는 늙은 고양이를 소재로 쓴 책도 나는 읽었다. 고가도로가 소설에 나오면 소설 밖에서 보이는 그저 흔한 고가도로도 한 번 더 보게 된다. 달, 공중전화, 그림자가 그랬다. 노르웨이의 숲에서 "또 독일이군" 하는 문장이 괜히 좋고 부러웠다. 나는 특히 세계의 끝과 하드 보일 원더랜드를 좋아했다. 사무실같이 넓은 엘리베이터를 상상하고, 완전한 어둠과 그곳에서의 추격전을 눈감고 그려보기도 했다. 브래인워시, 셔플링, 기호사와 공장 같은 단어를 척척 만들어내는 솜

씨에 매료된 것일지도 모른다. 1Q84 3부를 다 읽고 나는 하루끼 책을 인제 그만 읽어야겠다고 생각했다. 특별한 이유를 못 대는 건 조금 아쉽지만 그렇게 말하는 게 멋있을 것이라 생각했다. 어쩌면 이것도 하루끼의 영향일 수도 있다. 하루끼의 소설은 좋다. 하지만 그의 글이 다 좋은 건 아녔다. 예를 들면 그가 쓰는 거의 모든 종류의 에세이는 별로다. 내가 하루끼를 좋아하는 건 진짜 다른 영역에서였을 가능성이 있다. 그는 마라톤을 하고, ちょっと贅沢なビールキリン맥주를 잘 마신다. 많은 티셔츠를 가지고 있으며, 영어도 잘해서 어떤 것에도 얽매이지 않고 외국에서 몇 달간 혹은 몇 년간 살다 올 수도 있다. 돈도 벌 만큼 벌어서 고장 난 맥 같은 건 버리고 더 좋은 성능의 맥을 새로 장만할 수 있을 것이다. 재즈에 대해서도 팝에 관해서도 조예가 깊다. 유튜브에는 하루끼 관련된 링크도 넘쳐난다. 하루끼의 선곡을 하루 종일 들은 적도 있다. 서전페퍼스론리하츠클럽밴드라는 비틀즈의 노래를 하루끼를 통해 알았다. 나는 노래 서전페퍼스론리하츠클럽밴드보다 서전페퍼스론리하츠클럽밴드라고 말하는 것을 좋아한다. 마치 아몬드 봉봉이나 지구불시착처럼 말하면 기분이 좋아지는 현상이 생기기 때문이다. 야쿠르

트 스왈로즈의 광팬으로 오래전부터 응원하는 팀이 있다는 것도 부러울 따름이다. 몇 해 전부터 응원하는 야구팀을 정해 보려고 시도했지만 아직까지 프로야구팀의 수도 파악하지 못했다. 팀의 프랜차이즈 스타가 겨우 익숙해지려 하면 은퇴 기사가 나오는 기현상도 일어나고 있다. 나는 부족하다. 예를 들면 본질을 좋아하는 뚝심 같은 게 없다. 귀가 얇고 눈치를 본다. 글은 어쩌지는 못한다고 하더라도 취향까지 완패라는 건 좀 그렇지 않은가. 하루끼의 취향은 거의 세계 모든 사람이 알고 있다고 해도 이상하지 않다. 그런데도 계속 새로운 취향의 책이 나온다. 대단하고 대단하고 부럽다.

얼마 전 생일이었다. 감사하게도 아기자기한 선물을 많이 받았다. 그 선물 중 하나가 오늘 도착했다. 메이드 인 프랑스. 화려한 틴케이스에 비누가 들어있다. 난 비누에는 관심조차 없지만, 틴케이스는 너무 좋았다. 보내준 사람도 그걸 아는지 비누는 사모님 주고 틴케이스만 사장님 가져요.라고 문자를 보내줬다. 보고만 있어도 기분이 좋아진다. 틴케이스 말고도 난 좋아하는 게 너무 많다. 아몬드 봉봉이라던가 푸딩, 또 그냥 바라보기만 하는 아기자기한 것들이 좋다. 오늘 책방에 마을 신문 기자가 왔다. 모니터 앞에 가지런히 놓인 조개껍데기를 보고 "이런 건 어디에 쓰는 거예요?" 하고 물었다. 나는 그냥 놓고 보는 거죠. 라고 답했다. 기자는 이해가 안 간다는 얼굴을 보였는데 그때 나는 기분이 좋았다. 하루끼처럼 제법.

여름의 기념일

 편의점에서 택배를 보내는 순간마다 눈이 아리도록 집중한다. 주소와 전화번호가 틀리지 말았으면 하는 바람에 만들어진 습관이다. 그럼에도 난 자주 틀린다. 한번은 보내는이와 받는이를 잘못 써서 내가 보내고 내가 받는 결과를 경험했다. 아주 신기하고 재미있고 답답했다. 오늘은 택배를 3개나 보내야 한다. 스마트폰 액정 위의 작은 주소와 숫자를 하나하나씩 확인하는 동안에 카톡이라도 오면 나도 모르게 미간을 접고 마는 것이다. 택배를 보내는 동안만은 거시적이든 미시적이든 나의 모든 에너지는 불안정한 무질서도의 최고 수준이 된다. 주소를 다 적고 빌지를 출력하는 순간이면 날카롭던 내 모든 에너지는 안정 상태로 돌아온다. 이것이 지구불시착 택배의 법칙이다. 편의점을 나오며 스마트폰 알림을 하나씩 기억해낸다. 행안부의 문자가 하나, 이메일과 스팸 문자, 그리고 사진 공모전의 알람 소식. '사진 공모전 입상을'까지만 확인했던 문자가 생각났다. 스마트폰을 켜고 문자를 여는 동안 문장의 완성을 추측해봤다. "입상을 축하해 주세요"라던가 "입상을 축하해드리고 싶었으나" "입상을 주려 했으나" "입상을 줄까 말까"까지 다양한 패턴의 익숙한 저주를 떠올리며 문장을 읽어 내려갔다. 문장은 매우 간결했다. 나는 공무원입니다 식의 구조로 수상을 위해 정보 입력을 요청합니다.라고 쓰여 있었다. 그래도 난 얼마나 기뻤는지 가게 앞 큰 사거리의 횡단보도를 한발씩 번갈아 깡총깡총 리듬을 타며 건넜다. 아마도 횡단보도 신호를 대기하는 버스 운전사가 스킵하는 내 모습을 보고 코웃음을 치며 정신 나간 사람으로 봤을지도 모른다. 그러든 말든 나는 정말 기분이 좋았다. 비록 아주 작은 범위의 지역 사진 공모전이지만 무료했던 드라마가 재미있어지는 일대 반전의 전개가 펼쳐질 수도 있다. 아내에게 그 사실을 전했다. 아내는 상금이 얼마냐고 물었다. 그리고 덧붙여 내 입상은 자기가 응모하지 않아서라고 했다. 이렇게 말한 사람은 아내 말고도 둘이 더 있었다. 그들을 포함해 나를 아는 많은 사람에게 축하받았다. 나에게는 작은 사진 공모전으로 끝날 것 같지 않은 예감이다. 그 예감이 틀리든 말든 여름의 기념일 하나가 멋지게 만들어질 것만 같다.

비비추 비비추 비비추

 나이가 들면 화초가 좋아진다는 말, 나는 그 말이 싫다. 화초가 좋아지는 일에 나이를 들먹이고 싶지 않아서가 첫 번째 이유이다. 눈앞의 화초가 초록초록해서 좋다가도 갑자기 나이가 떠올라 기분 상하고 싶지 않은 게 두 번째 이유이다. 아무튼 나는 나이도 있고 화초가 좋다. 엄밀히 말하면 좋아졌다. 나의 화초 이력은 무료함, 헛헛함과 함께 시작되었다. 그 시간을 다루기에 화초만 한 것이 없다는 걸 알았을 때는 책방의 겨울을 견디고 있을 때였다. 근처의 꽃집에서 3,000원에 데려온 홍콩 야자는 여름내 잘 자라다 겨울에 얼어 죽었다. 어떤 꽃은 물을 너무 많이 줘서 죽고, 어떤 꽃은 말라죽었다. 그리고 다음 봄 또다시 화초를 사 왔다. 새잎이 나면 호들갑도 아끼지 않았고, 돋보기를 옆에 두고 관찰하기도 했다. 잎이 시들하면 영양제 하나를 찔러 놓고 불치병에 걸린 식물을 살려낸 표정을 짓기도 했다. 여름 내내 키우고 겨울에 이별하는 룰이 생기는가 했을 무렵 맹추위를 기꺼이 이겨낸 스파트필름의 대견함은 내가 식물에 한 발짝 다가서는 계기가 되었다.

책방은 큰 사거리를 둔 대로변 횡단보도 앞이다. 가게 앞에는 3층 높이의 커다란 나무가 있다. 나무를 중심으로 화단과 벤치가 있어 사람들이 앉아 이야기 나누기도 좋은 장소이다. 불과 2, 3년 전만 해도 화단에는 반갑지 않은 담배꽁초와 커피 용기, 우유 팩이 쌓이고 그래서인지 화단은 잡초 하나 자라지 않는 메마른 땅이었다. 그러던 어느 날 배양토를 사 와 흙갈이를 하고 메리골드를 심었다. 메리골드는 오래가지 않아 시들어 적지 않은 실망을 했는데 이듬해에 그 흙 속에서 메리골드가 다시 나왔다. 민들레와 이름 모를 잡초도 올라왔다. 여전히 식물에 조예가 짧은 내게는 잡초도 꽃도 모두 식물이다. 공부를 해서 식물 이름을 척척 아는 사람이 되어도 (별로 공부할 생각 없음) 잡초와 꽃을 차별해 잡초를 뽑아 대는 일은 하지 않을 것이다. 나무 화단에 풀이 생기자 자연스럽게 담배꽁초와 쓰레기 조각도 줄었다. 화단에 애정이 꿈틀거리기 시작할 무렵 또 봄이 왔다. 그런데 이상하게 올봄은 어떤 풀도 나오지 않았다. 기다리고 기다리다 애플민트를 사 왔다. 호미를 들고 흙을 파내었다. 호미, 흙, 이 사랑스러운 촉감은 새로웠다. 손으로 흙을 다듬고 식물의 뿌리를 흙 속 깊숙하게 밀어 넣는다. 그리고 물을 흠뻑 준다. 호미를 쥐고 흙을 만지는 건 화초와는 다른 설렘이었다. 이런 맛에 조그마한 땅만 보여도 고추를 심고, 미나리, 루꼴라, 오이, 깻잎과 호박을 심는 것일지도 모른다는 생각이 들었다.

 예전부터 나는 파란 물조리개를 유독 좋아했다. 따라서 파란 물조리개는 다양한 그림에 등장하기도 했다. 물을 가득 담고 기울이기만 하면 물줄기는 균등히 갈라져서 뿌려진다. 땅의 더운 열기가 식고 아이들은 신이 난다. 물은 생명의 근원이다. 이 물로 새싹이 되고 풀이된다. 물조리개처럼 물을 쉽게 다스리는 존재도 흔하지 않다. 화단의 풀들은 매일 물을 기다린다. 나는 물 주는 시간을 기다린다. 아침마다 조리개에 물을 가득 채워서 뿌려준다. 잎과 줄기가 휘지 않도록 뿌리 쪽으로 멀리서부터 준다. 이제는 비 오는 날 물주기, 노룩 물주기가 가능한 경지가 됐다. 초록은 그새 빛이 난다.

작은 정원은 씨를 품고 있다. 며칠 전 배양토를 더 뿌리고 흙을 일궈 기억하지 못하는 이름의 씨앗을 흙 속에 묻었다. 그 씨앗이 아침마다 나를 기다린다. 그래서일지도 모른다. 화단에 푸른 떡잎들이 일제히 나타나기 시작했다. 그 잎의 정체를 몰라 아쉽기는 하지만 아무래도 상관없다. 나의 자연 상식은 인과관계에 딱히 관심이 없기 때문이다. 이름 모를 씨앗이라도, 그것이 잡초라 해도 상관이 없다. 잡초에도 이름이 있다는 걸 최근에 알았지만, 그것조차 상관이 없다. 나의 정원은 날마다 초록이 태어나고 있다. 이제 정원에는 비비추도 자라고 있다. 기분이 아주 우울했던 날, 지인이 "텃밭에 비비추가 있는데 가져가실래요?" 하는 말에 거절하지 않았다. 비비추 비비추 비비추 하면서 호미를 들었다. 기분이 너무 좋았지만 날아갈 정도로 기쁜 건 아니다. 화초를 키우거나 정원에 씨를 뿌리고 물을 주는 행위는 두고두고 오래오래 다정히 맛보는 기쁨이라 생각한다.

 나는 손님이 없을 땐 입구를 바라보는 습관이 있다. 그리곤 곧 시선을 거두어 몬스테라와 수박 페페, 유칼립투스, 벤자민을 본다. 책방이 가득찬 느낌이다.

내가 만일 안자이 미즈마루라면

나는 안자이 미즈마루. 2014년 죽었다. 그러니까 나는 산 사람이 아니라 죽은 사람이다. 죽기 전에는 죽는 것에 대해 조금은 걱정했었는데 막상 죽고 나니 사망이란 것이 그렇게 허무한 일은 아녔다. 그래서 사람들에게 죽음에 대해 그렇게 슬퍼할 필요 없다고 말하고 싶은데 설득할 방법이 없다는 게 진심 유감이었다. 나는 술을 너무 많이 마셔 죽었다. 지금은 술을 너무 마셔도 죽을 걱정할 필요가 없다. 메일을 보지 않아도 되고, 마감 독촉에 시달리는 일도 없다. 좁아터진 인간사에 얽매일 것도 없다. 매일매일 산책할 시간도 있고, 와다상같은 좋은 친구도 있다. 와다상은 나보다 5년

늦게 이곳으로 왔다. 조금 전에도 와다 상과 죽음 이후의 삶에 대해 이야기 했다. 우리는 그리운 사람이 있으면 언제라도 만날 수 있다. 그것만큼 좋은 일은 생전과 생후를 더해도 찾아보기 쉽지 않을 것이다. 조금 전, 와다상과 나는 다이보에 있었다. 다이보는 하루키 군의 단골 카페로 유명한 곳이다. 오늘도 역시 혼자 카운터 석에 앉아 브런치를 하고 있었다. 하루끼는 요미우리 신문의 스포츠난을 읽으며 안경을 올렸다 내리기를 반복했다. 어떤 일에 관해서라도 극도로 미니멀적인 표정을 보이는 하루끼군이지만 야쿠르트 스왈로즈의 야구에 있어서만은 시끄러울 정도였다. 와다 상과 나는 하루끼를 가운데 두고 좌우로 앉아서 야구광 하루끼에 대해 고개를 끄덕였다. 물론 하루끼는 그 사실을 알 턱이 없다. 죽기 전에 우리는 일로, 일 외로 참으로 많은 시간을 보냈다. 나와 와다 상은 하루끼의 무명시절부터 알고 지내던 사이였다. 사실 난 하루끼의 글을 좋아하지 않았다. 평이한 문장 같은데 스토리가 참 어설프기 그지없었다. "도통 말하고 싶은 게 뭔가?"라고 술의 꼬장함을 빌려와 몇 번인가 말했던 기억이 있다. 그때마다 그냥 쓰는 거라며 왜 사람들이 좋아하는

지 모르겠다고 하루끼는 뚱한 얼굴을 했다. 지금 보니 하루끼도 세월을 탄 것 같다. 종아리나 허리는 마라톤을 오래 해서인지 아직 쓸만해 보였지만, 돋보기를 자주 만지작거리는 것이나 신문을 넘길 때 검지에 침을 바르는 모습이 영락없는 보통의 할아버지였다.

나는 생전에 다수의 삽화와 표지를 작업했지만 대부분 원고는 읽지 않았다. 나와 반대로 와다 상은 모든 내용을 파악하고 붓을 들었지만 나는 그 점에 있어서 만큼은 와다 상과 이견이 있었다. '그림이 좋으면 그만이지 뭐'라고 말하면 편집자와 하루끼가 멍한 얼굴로 그저 정종이나 마실 뿐 아무 말도 하지 않았다. 그리고 책이 참 잘 나왔다며 인사를 잊지 않았다. 그건 내가 그림을 잘 그려서가 아니라 하루끼의 원고가 뻔해서 어차피 대충 그려도 모두가 모른다고 편집자와 나는 하루끼가 자리를 비운 틈을 타 자주 이야기했었다. 참 그리운 시절이었다. 하루끼와 와다 상은 음악에 있어서 취미가 같았다. 하루끼의 번역서 대부분을 와다 상이 작업하기도 했다. 하루끼와 와다 상, 그리고 나 이렇게 셋이 8월이었던가? 도쿄 전시 즈음해서 바로 지금 이 자리에서 새벽까지 마셨었다. 카운터의 종업

원이 퇴근도 못 하고 우물쭈물하다가 우리와 합석해서 다이보 매출 석 달 치를 갱신했다며 모두가 크게 웃는 와중이었지만, 나만 카드 잔액이 싹 빠진 것을 생각해서 아연실색했었다고 말하니 와다 상이 무슨 소리냐며 그때 계산은 자기가 했다고 생떼를 쓰는 것이다. 나는 오늘 죽은 사람도 생떼를 쓴다는 것을 알았다. 내가 어이가 없어서 도움이라도 청하려고 하루끼하고 불렀더니 갑자기 하루끼가 눈을 동그랗게 뜨고 주위를 두리번 거리기에 나와 와다 상은 바로 전의 불화도 잊고 호들갑스럽게 웃어 버렸다.

이상하려고 작정이라도 한 듯

 오늘은 어떤 사람이 오기로 했다. 그는 언제 온다는 말은 없이 언제나 그랬듯이 애매한 시간에 도착할 것이라고 문자를 보내왔다. 나는 에릭사티의 음악을 틀어 놓는다. 그 음악은 무덤덤함을 추구한다. 음악을 의식하지 못하도록 기존의 음악적 기교를 멀리하고 공간에 평온함을 이식하는 방법으로 소위 가구 음악이라고 하는 새로운 사조의 음악이다. 대표곡으로는 짐노페디로 이름은 생소하지만 곡을 들으면 누구라도 한 번쯤 들어 본 적이 있는 장식음악으로 유명하다. 이 음악을 듣는 이유는 최근 이상하려고 작정이라도 한 듯 폭우가 내리기 때문이다. 음악이 있는 실내에서 창을 통해 바라보는 폭우는 마음의 어떤 평화를 불러오기도 한다. 7월의 나의 평화는 폭우를 바라 봄과 동시에 덤덤한 음악으로 채워지는 모양이다.

비가 그치고 강렬한 햇빛에 나는 문득 고양이 울음소리를 들은 듯하여 밖으로 나가봤다. 아빠 고양이와 새끼 고양이가 차를 피해 길을 건너오고 있다가 순간 아빠를 잃어버린 아이가 아빠를 찾는다. 한 달 전까지 골목에 자리 잡고 있던 네 고양이 가족이었다. 갑자기 사라져 걱정이었는데 오늘 다시 보니 반갑기도 해서 "나야 나! 우리 같이 놀았잖아" 하며 다가서니 아가는 날 알아보지도 못하는 모양이다. 더 큰 소리로 아빠를 찾더니 왔던 길로 돌아가 풀숲에 몸을 숨기는 것이다. 아쉬운 마음에 조금 따라갔다가 되돌아오는데 아빠 고양이가 어슬렁 지하 주차장으로 내려가고 있다. "야, 여기 여기" 하고 아가가 있는 방향을 가르치며 손짓을 했더니 내 말을 알아들은 것처럼 방향을 바꿔서 아이가 있는 풀숲으로 뛰어 들어간다. 이상하려고 작정이라도 한 듯.

고양이 가족의 재회를 보고 돌아와 책을 읽었다. 책이 너무 재미있어서 오늘 할 일을 모두 미루고 오만과

편견을 읽었다. 시간이 흐르는 동안 창 밖은 몇 번 비가 내리고 햇볕이 창창했다가 나무들이 출렁일 정도로 센 바람이 불었다. 온다고 한 사람은 나타나지 않는다. 변덕스러운 날씨 속에서 시간은 이상하게 흐른다. 작정이라도 한 듯.

알로카시아의 줄기가 좀 더 길어진 건 아닐까? 그 위로 시간이 걸려있고 메마른 책장에 안개가 스며있다. 바닥에는 자꾸만 모래가 쌓인다. 누군가를 기다림과 동시에 혼자이고 싶어진 나는 이상하려고 작정이라도 한 듯 정지된 시간 속에서 책상 아래로 계속 기어들어 간다. 나는 이 현상을 어디선가 본 적이 있다. 살바도르 달리의 기억의 지속이 살짝 머리를 스쳐갔다.

이삿짐 정리

드디어 이삿짐을 담기 시작했다. 새로운 곳으로 이사 가는 계획이 정체된 느낌이 들어 혼란스러웠다. 계약일은 15일부터였지만 나는 변변한 짐 하나 옮기지 못하고 일주일을 허비하고 있다. 정확한 이삿날도 정하지 못했다. 이유는 모르겠다. 난 원래 시작 하나만은 가볍게 하는 타입으로 결혼도 그랬고, 사업도, 책방도 그랬다. 책장을 넘기는 것처럼 새로운 일을 시작하곤 했다. 그런데 이번만은 새로운 챕터로 진입하기가 쉽지 않다. 좀처럼 책장이 넘어가지 않는다. 오늘 난 커피를 내리다 말고 창고로 들어가서 책을 모두 내리고 우유 상자에 담기 시작했다. 자고로 역사는 이렇게 하찮게 시작하는 법이다. 겨우겨우 우유 상자 4개를 채우고 빈 공간을 바라보는 것으로 약간의 이사를 체감했다는 것에 대해 만족했다. 그러고 나서 책방 한쪽에 아기자기 모아두었던 레고, 도자기, 그냥 주워 온 돌멩이, 나무를 잘라 만든 집과 스노우볼, 이름 모를 기념품 등을 끌어 모아 조그마한 상자에 가둬두었다. 순식간에 그것들이 자리 잡고 있던 곳이 썰렁해졌다. 다음은 스케치북과 그림 도구 차례이다. 처음 본 물감도 있고 버려야 할 파스텔도 나왔다. 아크릴과 팔레트를 모두 소환하니 제법 부피가 있는 상자가 필요했다. 주방 수납장에 이사 올 때부터 그대로 있던 수납함 4개가 있다. 꺼내 보니 먼지가 말도 못 할 정도였다. 먼지를 먼저 닦아내고 내용물을 살피니 절반 이상은 버려야 마땅할 물건뿐이었다. 왜 한 번도 꺼내본 기억이 없는지 이유가 명확한 잡동사니의 무덤이었다. 이것들을 어떻게 할까 하면서 하나하나 꺼내보다가 역시 버릴 수 없음을 직감했다. 버리기보다는 정리를 택했다. 다행히 상자 하나를 비울 수 있어 거기에 그림도구를 모두 밀어 넣었다. 오늘의 정리는 여기까지 하기로 한다. 슬슬 배가 고파왔다. 어제 사 온 라면을 먹으며 유튜브를 본다. 내일은 책장 맨 위 쪽 라인을 공격해 볼까.

가디언즈

 전남 신안군에는 4개의 섬을 연결하여 만들어진 섬티아고라는 순례길이 있다. 순례길이 생긴 이후 많은 사람이 이곳을 찾았다. 그것은 20년 겨울 그 사건이 있기 전까지였다. 관광을 갔던 커플이 실종됐고, 실종된 커플을 찾으러 간 가족도 돌아오지 못했다. 광주일보의 기자 역시 취재를 떠난 후 아무런 연락도 없이 사라져 버렸다. 연이은 실종사건이 일파만파 퍼진 계기는 공영방송의 시사 프로그램, <그것이 알고 싶다>가 나간 이후였다. 방송의 기조는 시종일관 어둡고 무거운 분위기의 영상이었다. 한때 아름다운 12 사제의 작은 예배당 순례길로 유명세를 떨치던 마을은 이제 폐가가 여럿이고 예배당은 주저앉아 거미줄이 날아다녔다. 사건은 미궁에 빠졌고 담당 경찰과 사설 탐정이 꼬리를 물며 실종됐다. 방송에서 어느 유명한 무당이 배를 띄었지만, 섬으로 들어가지 못한 채. 망연자실 섬을 바라보며 부적만 태웠다. 부적의 검은 연기는 바람을 타고 하늘로 날아갔다. 그것을 바라보던 무당의 청삽사리의 짙은 갈색 눈망울이 슬프고 애달팠다. 그리고 약간의 공포가 서려 있었다. 섬을 덮고 있는 검은 안개는 사람의 눈에는 보이지 않고 삽사리의 눈에만 보였기 때문이다.

중랑구 중화동의 지하 작업실 전기장판 위에서 웅크리고 있던 시츄 복순이는 영상의 끝부분을 보다가 몸을 바짝 일으키고 귀를 쫑긋 세우며 으르렁거렸다. 눈은 삽사리와 같은 눈을 했다. 공포에 반응하는 눈이었다. 복순이는 티브이에서 섬이 사라질 때까지 안절부절못하지 못했다. 너무나 갑작스러운 변화였다. 단단은 복순의 반응에 놀랐지만 대수롭지 않게 생각했다. 간식은 배불리 먹었는데 산책이 가고 싶었나? 쉬야가 급한가? 라고 생각했다. "잠깐 기다려 복순아. 오늘은 어차피 완성하지 못할 것 같아." 단단은 붓을 내려놓고 자리에서 일어났다. 복순이도 앞다리를 좌우로 짚어가며 단단을 보챘다. "저 섬에는 개새끼가 없어 그럼 안 되어." 방송이 페이드 아웃되는 순간 잡음처럼 타고 흐른 무당의 목소리가 희미하게 들렸다. 단단은 무심하게 티브이를 끄고 패딩과 하네스를 챙겼다. 복순이가 알아듣고 먼저 문 앞으로 달려가 단단을 기다렸다. "야 너 오늘 왜 급해?" 복순이를 안아 올리고 하네스를 채웠다. 복순이는 아무 말도 하지 않았다.

18살이 된 노견 복순이는 다리가 아프고 허리가 좋지 않다. 그런데도 복순이의 산책은 즐거웠다. 가족 모두 복순이를 좋아했지만, 산책은 단단이 도맡아왔다. 복순이는 전봇대와 나무 기둥 벽을 가리지 않고 참견했다. 단단은 그 모습이 너무 웃겨 도대체 뭐가 그렇게 좋냐며 복순이처럼 몸을 웅크려 냄새를 맡아보기도 했다. 시큼한 지린내가 한바탕 올라올 뿐이었다. 한밤의 산책이 되어버렸지만 달은 볼 수 없었다. 전봇대의 노란 가로등은 밤 골목의 깊이를 만들었다. 털찐 복순이의 숏다리와 단단에게서 뻗어 나온 그림자는 옹벽의 그림자와 전봇대의 그림자에 겹쳐지기도 하고 사라졌다가도 다시 나타나고 방향이 바뀌기도 했다. 단단은 그것을 그려봐야겠다며 카메라 셔터를 눌렀다. 복순이는 그런 그림자놀이에는 관심이 없고 바쁜 일정이 있는 것처럼 쉴 새 없이 간섭하며 다녔다. 보통 때와 다른 것은 단단과의 거리가 멀어지면 멀뚱히 앉아 단단이 오기를 기다렸는데 오늘 복순의 눈빛은 예사롭지 않았다.

노원의 어느 아파트 단지 앞 8시 20분 골든리트리버는 시간을 거르지 않고 산책을 한다. 이 아파트 주민이라면 그를 모르는 사람이 없다. 리트리버의 이름은 신. 신의 견주의 성과 같다. 견주 신과 신은 매일 같은 시간 산책을 한다. 견주 신은 스마트폰을 보며 걷고 리트리버 신은 터벅터벅 걸으며 모든 나무와 기둥에 간섭한다. 나무 앞에서 신이 볼일을 마칠 때까지 견주 신은 끈기 있게 기다려준다. 노원의 하늘은 유난히 푸른색이었다.

섬 산티아고를 추진한 이장의 얼굴은 왼쪽 턱뼈가 주저앉아 있었다. 뼈가 여물지도 않았을 어린 시절 개에게 물린 상처였다. 이장은 콤플렉스와 함께 자랐다. 그리고 근육이 영글기 시작하면서 힘 꽤나 쓰기로 유명해졌다. 군내 씨름 대회와 웬만한 아마추어 씨름 대회에서는 늘 황소에 올라탔다. 힘도 힘이지만 얼굴의 흉터가 끔찍해서 웬만한 상대는 얼굴을 마주하면 압도당하곤 했다. 성격도 가진 힘만큼 호쾌했다. 그런 그에게는 비밀이 있었다. 자신을 향해 짖던 개를 향해 야구방망이를 휘둘렀고 개의 이빨이 튕겨 나가고 머리통이 납작해질 때까지 내려치고 나면 희열이 느껴졌다. 소악도 이장으로 부임하면서 그의 개 학대는 점점 악랄해졌으나 그의 힘에 대항할 주민은 아무도 없었다. 섬에서 개를 키우던 주민은 하나둘씩 사라졌다. 마지막까지 이장의 포악함에 견디다 못한 주민은 개를 안고 섬을 떠났다. 그 후로 섬은 이상한 일이 끊이지 않았다. 아무도 마을에 개가 없어 벌어진 일이라 생각하지 않았다. 그렇게 생각할 수도 없었다.

"저 섬에는 개새끼가 없어 그럼 안되어" 방송을 편집하던 기자 채무는 그 의문의 소리를 놓치지 않았다. 조그셔틀로 몇 번을 돌려가며 귀를 기울였다. 그리고 삽사리의 눈을 확대하고 손톱을 깨물었다. 수첩을 펼치고 펜을 들고 적었다. 저 섬에는 개새끼가 없어 그럼 안되어 그리고 거칠게 동그라미를 그렸다. 수첩에는 그 메모 외에 삽살개의 특징과 엑토플라즘에 관한 짧은 메모도 적혀있었다.

"그란 건 모르겠꼬" 무당은 단호하게 반복했다. "개가 없으면 안 되는 건 왜죠? 엑토플라즘인가요? 개가 뭘 본 것 같던데요" "삽사리?" 무당과 채무는 마당 한편에 목줄에 묶여 힐끔힐끔 대화를 엿듣는 삽사리를 쳐다봤다. "봤재 삽사리는 예부터 귀신을 본다고 안카요" "뭔가요? 뭘 본 거죠? 개가 없으면 안 되는 건 무슨 말씀이죠? 엑토플라즘 맞죠?" 아따 기자양반 엑토 뭔가 내는 모르고 불길하다 아니요 싸해가지고 섬이 검은 안개로 꽉 차 있다 아니요" "검은 안개요?" 채무는 영상에서 삽사리의 클로즈업된 눈을 떠올렸다. 검은 형체가 삽사리의 눈동자를 덮치는 듯 보였던 것 같기도 했다.

채무는 구글 창에 엑토플라즘을 검색했다. 대부분 현상에 관해 이야기하고 신빙성은 없었다.

복순이는 이상한 기운을 알아차렸다. 단단은 지난봄 이후 꼭 마스크를 쓰고 나갔다. 만나는 사람 대부분 마스크를 쓰고 있었다. 인간 사회에서 코로나는 빠르게 번져 나갔다. 코로나는 검은 안개의 돌연변이였다. 검은 안개는 불길하다. 불길함은 교묘하게 인간에 달라붙는다. 일단 달라붙으면 떨어지지 않고 불길함을 현실화한다. 그것을 막지 못했던 것에 대해 노견 복순이의 심경은 복잡해져만 갔다.

보이지 않는 나쁜 것은 어디서부터 나오는지 개들은 알고 있었다. 지구 깊은 곳. 땅 밑이었다. 1500년 이후 인간은 땅에 말뚝을 박기 시작했다. 집을 세우고 성을 올렸고 빌딩을 세웠다. 건물을 점점 높이 세우기 위해 땅은 더욱더 파이기 시작했다. 지구의 균열은 그렇게 시작했다. 지구의 땅속 깊이 머물던 썩은 영혼은 검은 안개의 모습으로 땅에 박힌 기둥을 타고 올라온다. 오래된 나무 밑동을 타고 올라오기도 했다. 인간은 검은 안개를 보지 못한다. 다행히 인간 옆을 지키는 개들은 그것을 볼 수 있다. 개들의 선한 목적은 지구의 틈 사이로 올라오는 검은 안개를 막는 것에 있다.

노원의 리트리버 신은 이제 새끼 강아지와 함께 산책한다. 코를 킁킁거리며 지구의 틈을 발견하는 노하우를 전수하고 있다. 리트리버는 가끔 푸른 하늘을 올려다본다.

단단과 산책을 나온 복순이는 종종걸음으로 지구의 틈을 쉴새 없이 찾아다녔다. 조그만 틈을 발견했다. 그리고 곧바로 벌어진 지구의 틈으로 올라오는 검은 안개를 오줌으로 눌러버렸다.

인구절벽은 삼신할미가 아프셔서였다네

 그가 이승에서 마지막으로 한 말은 피곤해였다. 30초 초상화 작가로 알려진 그는 붓을 들기만 하면 사람의 특징을 귀신같이 잡아내서 일필휘지의 퍼포먼스를 선보였는데 어떤 사람의 얼굴은 자세히 보지도 않고 그려도 증명사진을 뛰어넘는 작품이어서 사람들의 탄성이 멈추지 않았다. 하지만 그의 마지막은 초라할 정도로 쓸쓸한 분위기 속에서 눈을 감았다. 그가 다시 눈을 떴을 때, 눈에 띄는 복장을 하고 머리에 금관을 쓴 이가 있었는데 그를 모두 옥황이라고 불렀다. 사람들이 그를 따르는 분위기로 봐서는 옥황이 이곳의 보스임에 틀림없어 보였다. 옥황이 팔을 한 번 쓱 하자

신하가 나에게 따르라는 눈짓을 했다. 옥황의 안내로 따라간 곳에는 삼신할미라는 사람이 가느다란 호흡으로 숨이 넘어갈 듯 누워 있었다. 병약한 삼신할미는 화가의 손을 꼭 잡고 눈을 감았다. 옥황과 사신들의 통곡이 천지를 흔들었다. 옥황이 말하길 이제 그대는 삼신할미의 뒤를 이어 아이의 그림을 그리게 될 것이며 당신이 그린 그림대로 이승에서 아이가 태어 날 것이니 아이의 얼굴을 그리는 것에 정성을 다해야 할 것이라 했다. 옥황의 말대로 작가는 초상화의 대가답게 30초에 한 명씩 그림을 그렸다. 바야흐로 지구는 새로운 삼신할미의 등장으로 30초 만에 한 명씩 인구가 늘어나는 대망의 인구 폭발 시대로 접어들었다. 지구는 제 2의 아인슈타인, 갈릴레오 갈릴레이, 정약용, 스티븐잡스, 마라도나, 리오날 메시 등 끝도 없이 새로운 인재가 탄생했다.

자라나는 마음

 아내는 집에서도 흐트러지는 모습이 없습니다. 자는 시간 이외에는 누워 있거나 하는 법이 없고 식탁에 허리를 세워 앉습니다. 노트북을 쓸 때도, 아이들과 이야기를 나눌 때에도, 콩나물 머리를 손질할 때도, 멸치 똥을 뺄 때에도 흐트러짐을 본 기억이 떠오르지 않습니다. 거의 대부분의 일을 누워서 하려는 나와는 참 대조적입니다. 아내는 단단합니다. 무너지지 않는 성벽, 철근 콘크리트의 견고함을 아내의 마른 골격에서 느끼곤 했습니다.
 요즘 아내는 자주 걷습니다. 운동이라고는 하지만 근력이나 다이어트만을 위한 것이 아니라는 것을 알고 있습니다. 아침에 일어나면 아내는 벌써 옷을 차려입고 운동 갈 준비를 하고 있거나, 어떤 때는 벌써 다녀온 길이기도 합니다. 참 부지런합니다.

아내는 요즘 기쁜 일이 거의 없습니다. 지난주인가 지지난주인가 아내가 책방까지 걸어온 일이 있습니다. 집에서 출발했다면 빠르게 걸어도 1시간 가까이 걸어야 하는 거리입니다. 아내는 책방 안으로 들어오지도 않고 밖에서 한참을 서성이고만 있습니다. 다가가서 아내의 얼굴을 들여다보니 안쓰러움이 뚝뚝 떨어지는데 뭐라 말은 하지 않고 돌아가겠다고 합니다. 아내와 난 10여분을 나란히 걸었습니다. 그리고 그녀가 어렵게 꺼낸 말은 "이제 들어가"였습니다. 아내는 집으로 나는 책방으로 돌아왔습니다.

토요일 집 가까이에서 북페어가 있었습니다. 노원구에서 큰 노력을 기울이는 축제이기도 해서 사람들이 많이 찾아왔습니다. 나는 책방 자격으로 참가했습니다. 아내와 초등학생 딸 빼빼도 함께 나왔습니다. 초상화를 많이 그렸고, 책과 포스터도 제법 팔아서 오랜만에 걸음이 가벼웠습니다. 아내도 기분이 좋았고 빼빼도 그런 것 같습니다. 나는 모녀의 뒤를 따라 걸으면서 그녀들의 대화에 귀를 기울였습니다.

"엄마! 기분 좋아?"

"어, 삼선 츄리닝 사줄까?"

"대출 다 갚았어?"

"아니."

"그럼 대출 다 갚고 사줘."

빼빼의 키가 어느새 훌쩍 자라 엄마의 키와 차이가 없었습니다.

아내가 빼빼의 손을 꼭 쥐는 걸 본 것 같습니다.

등 뒤에서 해가 기울고 우리는 제키 보다 기다란 그림자를 따라 걸었습니다. 세상에는 눈에 보이지 않게 자라나는 것들이 있습니다. 마음이랄까? 사랑같은 것. 아이는 어느새 훌쩍 자란 느낌입니다.

걸으며 남겨진 것들

 눈이 내렸다. 쌓인 눈은 바로 얼어 빙판길이 되었다. 올 겨울 가장 춥다는 아침 뉴스가 반복됐다. 출근길 찬 바람은 몸을 움츠리게 만들었다. 자연스럽게 뼈마디에 힘이 들어갔다. 버스에 올라타서도 나는 핸드폰에 집중했다. 바깥 풍경에 신경 쓰지 않았다. 도로 위 차들은 느리게 다녔다. 그것조차 신경 쓸 필요가 없었다. 시간에 대한 압박은 이제 나에게 해당하지 않는다. 새로 이전한 책방은 오롯이 혼자만의 공간이 됐다. 마을 카페 안에 있을 때엔 마을 선생님들과 함께 하는 시간도 적지 않았다. 버스에서 내린 시간은 10시를 조금 넘어서였다. 긴장감이라곤 없는 걸음걸이를 단번에 바꾼 건 마을 여행 선생님의 태연한 목소리였다. "선생님 이제 곧 도착하는데 책방에 계시죠?" 전화를 끊고서는 폭주하는 증기 기관차처럼 콧김과, 입김을 뿜어내며 달리기를 시작하려 했으나 속도라 할 수 없을 정도의 느린 걸음에 지나지 않았다. 마음은 손흥민처럼 달렸지만 현실은 냉정했다. 빙판길의 방해에도 불구하고 무사히 도착했다. 가게 문을 열고 천연덕스럽게 가게 앞 쌓인 눈을 치울 때 즘 30여 명의 사람들이 도착해 가게 앞 문전성시를 이루기 시작했다. 오늘은 공릉동 전통의 행사 '마을 걷고 떡국 먹기'가 있는 날이었다. 공릉동은 재미난 곳이다. 마을 여행 선생님들의 제안으로 시작한 이 행사는 매해 연초에 실행하는 행사로 마을 사람들이 조를 나눠서 각 단체와 가게를 다니며 덕담을 나누고 한 곳에 모여 떡국을 먹는 건강한 행사이다. 사람들이 떠나고 나는 잠시 쉴 틈도 없이 책방을 나섰다. 그칠 줄 모르고 내리는 눈송이는 덩치를 키워갔다. 액자를 맡기고 돌아오는 길은 다소 험난했다. 버스를 반대 방향으로 타는 바람에 허둥지둥 내린 곳은 낯설었다. 되는 일이 없다면 그런 것이고 이참에 조금 걷자 하면 여유가 꿈틀거리는 것이다. 올해 나의 목표는 강력한 의지로 긍정적인 마인드를 유지하는 것이다. 책방으로 돌아와 스마트폰을 확인해 보니 마을 선생님들이 떡국을 들고 책방까지 온 모양이다. 나는 그들의 마음에 보답할 수 없었다. 눈길을 걷는 일은 피로를 동반했다. 의자에 조금 앉아있다가, 화장실 청소를 했다가, 책장에 먼지를 털고, 미처 정리하지 못하고 미뤄두었던 잡동사니를 정리했다. 그러다 보니 해가 기울기 시작했다. 해가 저물면 손님이 있건 없건 책방은 더욱 책방다워진다. 은은한 조명이 빛을 발하는 순간이다. 오늘도 하루는 알차게 채워졌다. 느리게 걷다가, 빠르게 걷고, 포기하며 걸었다. 눈은 그쳤다. 날은 여전히 차갑지만 주머니 속 핫팩은 전력을 다해 존재를 알렸다. 캄캄한 밤 눈길에 남긴 발자국은 하루의 무게만큼 존재했다.

새벽에 일어나

 컴퓨터를 켜고 새벽 감성에 의지해 글이라도 몇 자 적어볼 생각이었다. 하얀 모니터를 한참 동안 바라보다 모닝커피를 마시면 글이 써질까 싶어 커피를 내려 마시고 다시 키보드에 손을 올렸다. 몇 줄 적어볼까 하는 마음에도 글이 써지지 않아 좀처럼 움직이지 않는 손가락 탓을 했다. 키보드에 올려놓은 손가락을 오랫동안 노려보다가 손톱을 깎은 게 언제였는지 이번엔 죽순처럼 자란 손톱이 신경 쓰여 다시 자리에서 일어나 손톱깎이를 찾았다. 새벽 시간, 발꿈치를 들고 조심스럽게 집안의 서랍이란 서랍을 다 뒤졌지만 손톱깎이 같은 기물은 쉽게 나타나지 않고 대신 찾은 것은 엄마의 생일을 축하한다는 딸아이의 삐뚤빼뚤한 손편지였다. 그제야 오늘이 아내의 생일인 것을 알았다. 나는 글쓰기를 잠시 미루고 주방으로 가서 미역과 소고기, 마늘, 국간장, 꽃소금을 준비했다. 아내에게 미역국을 끓여준 게 얼마 만인지 미안한 생각마저 들었다. 아내는 이제 막 한글을 뗀 딸아이 옆에서 달콤한 코골이를 하고 있다. 아내에게 긴 편지를 쓰는 동안 창밖의 미명은 조금 더 시간을 주려는 듯 천천히 밝아지고 있다.

당뇨 인간

 집이 오래되다 보니 의자는 삐걱거리고, 화장실 문도 이가 안 맞고, 어떤 전자 제품은 동시에 망가지고, 변기 뚜껑이 부서지고, 세면대에 물이 빠지지 않는다. 내 몸만 늙는 게 아니라 모든 게 세월을 타는 모양이다. 부서지고 갈라지고 막히고 하는 것들이 늘 말썽이지만 이런 불편도 잊고 때론 잊은 척하며 살아가는 게 우리들 삶일지도 모른다.

 고장난 뭔가를 고치는 데 나는 일가견이 없다. 오히려 아내가 참다 참다못해 고치거나 새로운 제품을 들이거나 하는 일이 많은데 예를 들어 형광등을 갈아 끼우는 것도, 선풍기를 조립하는 일도 아내가 더 능숙하고 숙련되어 보이기도 한다.

며칠 전부터 에어컨의 깨진 호스에서 물이 샌다. 다른 불편은 모두 참을 만 하지만 물이 새는 건 견딜 수 없다. 집안에 물이 고이면 사람이 아프다는 말을 어느 책에서 읽은 적이 있다. 더구나 좁은 베란다에 물이 고이면 먼지와 머리카락이 엉켜 베란다가 더러워지는 건 부지불식간이다. 이번만은 아내가 불만을 가지기 전에 고쳐보겠다고 단단히 마음먹었다.

우선 철물점에서 에어컨 호스를 사면서 간단한 팁까지 들었다. 갈라진 호스를 컷팅하고 새 호스를 연결하는 건 의외로 간단했다. 마무리는 절연테이프로 감으면 된다고 했다.

호스와 절연테이프를 가방에 넣고 다니며 이틀간 기회를 엿봤다. 아내가 모르게 고쳐놓으면 좋아할 것이라는 생각도 했기 때문이다. 실행에 나선 건 오늘 아침이었다. 베란다에 물건을 옮겨 작업환경을 만들고 얼룩과 먼지를 닦아내면서 만들어진 소음에 아내가 깬 것은 첫 번째 예상을 벗어난 일이다. 두 번째는 호스를 자르다가 커터날에 손바닥이 파일 정도, 사실은 살짝 피부가 갈라진 (엄살이 심한 편) 찰과상을 입었다. 호스는 깔끔하게 상황을 마무리 됐다. 현장을 본 아내가 아주 좋아하는 이미지를 예상했지만 결과는 역대급 분노의 시작이었다. 세 번째 예상을 벗어났다.

 혈액검사 후 당뇨라는 판정을 받고 아내는 대수롭지 않게 생각하는 분위기라 약간은 서운한 감정까지 들었다. 몇 번을 강조했던 의사 선생님의 식이요법도 어떻게 그것만 먹고 사냐는 눈치였지만 도시락 내용이 점점 달라지고, 당뇨에 좋다는 여주즙을 구입하고, 약 먹는 시간을 챙겨준다. 조금의 아프다는 말도 신경이 쓰이는 눈치다. 아마도 당뇨 환자에 대해서 검색했을 것이다. 조금의 상처에도 피부가 검게 변하는 사진을 봤을 지도 모른다. 손바닥의 가벼운 상처가 도화선이 되어 그간의 식습관과 생활 태도에 대해 서운함을 토로했다. 아내의 라이프 스타일은 정답에 가깝다. 음식에 조미료를 쓰지 않고, 정확한 식사 시간과 운동을 중요하게 생각한다. 언제든 도시락을 챙겨주고 콜라와 밀가루 음식을 줄이라고 했다. 그런데도 불구하고 당뇨 인간이 된 나에게 배신감마저 느껴졌다고 한다. 진짜로 고쳐야 할 것은 에어컨 호스가 아니라 나의 생활 태도였다. 아내의 타당한 분노에 아무런 변명도 할 수 없었다.

룩스

 팽하고 코를 풀었는데 막혔던 말들이 쏟아져 나옵니다. 난리가 났습니다. 티슈 몇 장을 뽑아 코를 틀어막고 정리를 합니다. 닦았던 곳을 또 닦고 쓸었던 곳을 또 쓸었습니다. 이제 좀 정리가 됐을까 싶었는데 이응이, 또 기역이 기어 나옵니다. 새로 들어온 책은 단단한 몸으로 제법 글자 단속이 쉽습니다. 문제는 오래된 책입니다. 입이 헤 벌어져 축 늘어진 글자들이 흘러내립니다. 이제부터 나는 녹슨 빛입니다. 꿈을 담당합니다. 독백이 특기입니다. 녹슨 빛은 멀리 보지 않습니다. 창창한 빛은 다 써버렸고 관절은 삭아 뼈만 남았습니다. 나는 빛이였지만 스탠드에서 떨어져 나온 소리 같습니다. 갈색 같습니다. 아주 작은 것 같습니다. 나는 빛으로 돌아갈 수 없고 그냥 굴러다닙니다. 의자처럼. 의자는 삐거덕삐거덕 소리를 떨굽니다. 삐거덕들과 나는 들개처럼 몰려다니지만 해롭진 않아요. 북적북적 시끄럽고 질질 흘리고 어떤 기대를 품고 살아요. 이사 간 친구도 있고 새로 들어 온 친구도 있어요. 전기세가 새로 왔어요. 그 이름은 삼십칠만 십 원. 우리들은 입을 다물었습니다. 여긴 겨울이 한참입니다. 하지만 봄이 시속 37만 킬로미터로 달려오고 있어요. 가게 문이 열리면 글자도 사라지고 말도 사라집니다. 책방에 오는 사람은 다 예쁩니다. 녹슨 빛은 오랜만에 밝게 웃습니다.

택수 씨네

 겨울비 왕성한 날, 책방은 차분하다. 누구라도 오기만 한다면 올해 있었던 일, 내년에 계획한 일, 점심에 먹은 음식이야기, 최근 듣는 음악에 대해서, 아무런 이야기라도 좋겠다. 나는 오랜만에 구식 DSLR 카메라를 들고 책방의 구석구석을 들여다본다. 문득 다른 책방의 모습이 궁금하다. 모두들 어떻게 시간을 보내는지.

 나는 이런 생각을 해본다. 눈이 내리는 날엔 종묘를 가야지, 적당히 비가 오면 경복궁에 가도 좋을 거야, 드럼을 배워야지, 내년에는 는 외발자전거를 타고 저글링을 할 수 있을까? 심야 영화도 좋겠다, 책방은 손님을 기다리는 것도 일이다. 기다리는 일만 아니라면 피천득의 수필을 소리 내서 읽어보는 것도 좋겠어. 그러고 보니 오늘도 책을 읽는 일이 드물어 부끄럽다.

책방의 히터가 답답해 잠시 밖에 나가 겨울비에 손을 내밀어 본다. 비는 차가울까? 차갑다. 하늘은 잔뜩 웅크려 앉고 추적추적 내리는 비는 사람들의 행동반경을 좁힌다. 그런 날 책방은 새로운 꿈을 꾼다.

오전에 장난 삼아 리리와 카톡을 했었다. <괴물이란 영화가 재밌대. 볼까?> <봐요, 봐요! 어디서 봐요!> <준준이네 극장 갈까?> 준준이는 광화문 에무시네마에서 알바를 한다. <거기 좋아요. 사계절 출판사에서 하는 거래요.> <출판사에서 극장을? 그럼 나도 한 번 해볼까?> <네!!!> <그럼 이름을 먼저 지어 봐야겠다. 택수 씨네 어때?> <좋아요!!! 딱이에요!!! 어디에서 봐요? 책방에서?> <아니! 지구불시착 사옥에서> 농담처럼 시작했지만 책방 지구불시착에 당찬 계획이 생겼다. 조그마한 상영관을 가지고 싶다. 한 때 내 꿈이 극장과 멋진 영화를 찾아 출장 다니는 사람이었다는 걸 까마득히 잊고 있었다.

나는 밀란 쿤데라

나는 작가다. 글을 공부하고 등단을 했지만 아직 그렇다 할 책 한 권 쓰지 못하고 있다. 책을 내지 못 한 건 여러 사정이 있지만 가장 큰 건 경제적인 이유에서이다. 인천 공항 면세점에서 택배물건을 하차하는 일을 한다. 새벽부터 밤까지 물건을 운반하다가 집에 돌아오면 미역이 되어버린다. 당연히 글 쓰는 시간을 낸다는 게 그렇게 쉬운 일이 아니다. 반면에 동기들은 하나둘씩 책이 나오고 사인회다 낭독회다 강연 등을 한다고 호들갑이다. 등단도 내가 제일 먼저 했다. 2쇄를 찍는다 3쇄다 하는 동기들의 인스타를 보면 배알이 꼴려서 요즘은 SNS도 하지 않는다. 얼마 전 교보문고에서 저자 사인회를 한다는 광고지를 봤다. 동기의 얼굴이 대문짝만하게 나와서 한눈에 알아봤다. 합평 시간은 녀석의 글을 읽고 뭐라도 감상을 말해줘야 하는 분위기였다. 아무런 느낌이 없었다. 녹은 아이스 아메리카노 같다고 차마 말할 수 없었다. 그래서 나는 밀란 쿤데라 같다고 말했다. 그랬더니 사람들이 와우~ 하는 것이다. 내가 표현을 잘해 그런가 싶었더니 녀석이 의기양양한 표정으로 칭찬을 다 가져가 버렸다. 나는 그것도 배가 아팠다. 사실 글은 내가 훨씬 났다. 몇몇 찐친들은 모두 그렇게 생각할 거라고 했는데 녀석의 인스타에 단 댓글을 보면 글이 너무 좋다, 대박날 줄 알았다, 천재 등 아부도 다양했다.

얼마 전 공항 서점에서 동기의 책을 보고 궁금함을 이기지 못해서 사봤다. 지루하고 뻔하고 허세만 가득한 글이었다. 15페이지를 다 읽지 못하고 쓰레기통에 던져버렸다. 그 후로 문학적 갈증이 더 심해졌다. 공항 일을 그만두었다. 뭐라도 써야 살 것 같았다. 매일 글 쓰는 상상을 했다. 조금 더 솔직하게는 좋은 글을 쓰기보다 작가로 유명해지는 생각을 더 많이 했다. 괴로웠다. 아무것도 쓰지 못했다.

 내게 원고지 분량 80매의 청탁이 들어왔다. 의뢰자는 대뜸 이렇게 말했다. 요즘 잘 나가는 인기 작가를 친구로 둔 덕이라며 친구에게 밥 한 끼 사야 할 것이라고 했다. 듣기 좋은 소리는 아니었다. 자존심에 금이 가고 있었다. 청탁서를 호쾌하게 찢고 일어서 나왔다는 거짓말이고 사인란에 또박또박 이름 석 자를 적었다. 고료는 두둑한 편이었기 때문이다. 혹시나 해서 고료를 재차 확인했던 건 부끄러운 일이었다.

 밀란 쿤데라…
 밀란 쿤데라…
 밀란 쿤데라…
 가 죽었다.

 어찌어찌 원고는 마무리됐다. 내가 글을 쓰는 동안 세계는 급변했다. 7월 내내 비가 왔다. 후쿠시마 오염수가 방류됐다. 배우 오연수는 정부의 오염수 정책을 비판하며 은퇴를 선언했지만 그렇게 유명한 배우가 아니라서 기류에 큰 변화는 없었다. 러시아와 우크라이나 전쟁이 끝났다. 푸틴이 한국산 불닭볶음면을 먹다가 장파열로 사망했다. 전쟁의 승자는 없었다. 이스라엘과 팔레스타인이 화해했다. 두 나라는 종교적 갈등의 해법은 종교를 갖지 않는 것뿐이라며 합의했다. 반대도 있었다. 그러나 무시했다. 미국이 앞장서 방해를 했지만 양국의 지도자는 신념이 대단했다. 이강인은 PSG에서 별다른 활약을 하지 못했다. 대신 슛돌이의 영상이 프랑스에서 빅히트를 쳤다. 이강인은 PSG에서 퇴출당했고 BTS의 진은 PSG를 인수했다. 중동의 슈퍼리치들은 남극에 인공 해수욕장을 건설하고 건물을 올렸다. 남극에서 반려펭귄은 서울의 몰티즈만큼 일반적이었다.

나는 다시 인천공항에서 일을 한다. 면세점 택배 운반이 아니라 인천공항에서의 일주일이란 기획으로 공항을 무제한으로 누비고 다닐 수 있는 특권을 쥔 작가로 초청됐다는 상상은 이제 질렸다. 다른 상상을 해보자.

나는 밀란 쿤데라다.

그림이 안 풀릴 때 해보는 상상

 택수는 그림을 그린다. 조금 과장된 말로 공릉동에서 일어나는 행사는 대부분 택수의 손을 거쳐 나온다는 이야기가 있을 정도이다. "여기에 있는 그림들 여기 사장님이 다 그렸어요" 마을 카페를 운영하는 협동조합의 이사장님의 단골 멘트이다. 그러면 사람들은 눈을 동그랗게 뜨고 말한다. "정말요?" 그렇게 보이지 않는 모양이다. 택수는 낯을 선택적으로 심하게 가리는 편이라 모르는 사람에겐 겸연쩍은 미소로 "네." 하고 짧게 말하지만, 조금 만만한 사람에게는 "여기 그림 다 내가 그렸어요."라고 말할 때도 있다.
 지난 여름 서울시립과학관에서 주관하는 '한여름 밤

의 축제' 포스터와 현수막을 디자인했다. 마을 곳곳에 현수막이 걸리고 붙여놓은 포스터도 쉽게 발견할 수 있었다. 로컬에서는 제법 큰 행사라는 이유로 노원구 전역에 걸쳐 현수막을 볼 수 있었는데 빼빼가 그걸 본 모양이다. "저거 아빠 그림 아니야?" 운전석 뒤에서 눈썰미 있는 빼빼가 던진 말을 듣고 사진을 찍었다며 주주에게서 사진과 함께 카톡이 왔다. '오빠가 그렸어?' 빼빼가 보고 아빠가 그린 거 아니냐고 물었다는 것이다. 휴대폰을 바라보던 택수의 어깨가 약간 으쓱 올라갔다.

택수는 현재 포스터 작업을 하고 있다. 노원 어린이극장 포스터인데 진도가 나가지 않는다. 시간이 없으니 빨리 그려달란 부탁을 받았다. 시간이 없는 부탁은 보수도 적다는 업계의 전설은 한 번도 틀린 적이 없다. '빨리, 사업비가 이것밖에 없어서'라는 명목의 일은 대부분 택수를 손을 거친다. 누가 소문이라도 내는 걸까? 몇 사람을 의심해 본 적이 있다. 천진! 구미!

구미와 천진을 처음 만난 건 휴게소였을 것이다. 휴

게소의 대형 텔레비전을 통해서 본 모 방송국의 다큐멘터리였을 것이다. 택수는 아무런 의식 없이 그저 티브이를 보다가 공릉동이란 소리에 관심을 갖게 됐을 것이다. 인간극장 같은 소시민들의 삶이었다. 구미는 국정원의 경리일을 하면서 제빵 기술을 배운다. 천진은 엑스트라 배우로 다수의 드라마에 출연했다. 그리고 그들은 책방에서 글 쓰는 모임에서 알게 됐다고 했지만 그렇게 친해 보이지는 않았는데 방송국의 의도된 연출은 아닌 것 같았다. 택수는 국수 한 사발을 비우고 식판을 들고 이동하다가 머리가 큰 남자와 부딪칠 뻔했지만 아주 아슬아슬하게 피했을 것이다. 식후 커피를 마실 겸 커피 자판기를 찾았을 것이다. 자판기는 프랜차이즈 커피에 밀려 휴게소 끝에 밀려나 있었겠지. 택수는 예전부터 휴게소에 들르면 꼭 자판기 커피를 마셨던 건 아니지만 그날은 자판기를 찾았을 것이다. 외국인들에게 자판기 커피는 아주 유명해 자판기 맛집 지도가 그들만의 커뮤니티에서 돌고 있는데 지도 대부분이 휴게소였다고 어디선가 들었을 것이다.

고급 아메리카노 버튼을 누르고 커피를 기다리는데 커피 자판기 광고시트에 낯익은 얼굴들이 보였을 것이다. 조금전 티비에서 봤던 구미와 천진이었을 것이다.

공릉동에 돌아와 며칠 지나지 않아 구미와 천진이 찾아왔다. 구미는 티브이 프레임을 들고 왔는데 이것을 만든 것이 당신인가 묻고 대답도 듣기 전에 내가 그린 그림들의 출력물을 쭉 펼쳐 보이는 건 천진이었다. 구미가 그 그림 중 하나를 콕 집어 내밀었다. 보드를 엉성한 모습으로 타고 있는 고양이 그림이었다. 이 그림으로 티셔츠를 만들고 싶다고 구미가 말했다. 택수는 그럴 수 없다고 말하고 이미 만들었다고 말했다. 그러더니 그럼 포스터를 주문한다고 했다. 택수는 포스터는 가능하다고 했다. 거래는 쉽게 이루어졌다. 몇 달이 지나지 않아 전국의 자판기 커피에 그림이 쫙 깔렸다. 완전 헐값이었다. 젠장! 그 이후로 정당한 보수의 일이 들어오지 않았다. 택수는 뭔가 일이 풀리지 않을 때마다 두 사람이 떠올랐다. 특히 천진의 거대한 야구공 같은 얼굴이 일을 방해하는 꿈을 자주 꾼다.

오늘의 명장면

최근엔 식습관이 비교적 안정된 느낌이다. 아침은 7시 30분, 점심은 12시, 저녁은 6시에 먹고 아주 천천히 1시간 정도 꼭꼭 씹어먹는다. 얼마 전까진 유튜브를 보면서 끼니를 최대한 빨리 먹어 해결하는 게 무슨 법칙인 것처럼 밥을 먹었다. 의자에 앉아 있는 시간도 길어서 결국 장과 허리에 부담을 주어, 병이 되었다는 결말이다. 병원에 가서 주의를 받고 먹지 말아야 할 음식과 먹으면 좋다는 음식, 식생활에 대한 경고를 듣고 나서야 나는 조금씩 다른 사람이 되어가고 있다. 도시락은 가급적 서서 먹는다. 밥을 먹고 나면 움직일 일을 만들어서라도 앉아있는 시간을 줄이는 노력을 한다.

설거지를 바로바로 하는 것도 좋은 방법이고, 고양이를 만날 때까지 동네를 두어 바퀴 도는 것도 좋은 방법이다. 가끔은 이빨을 닦으면서 고양이를 찾아 동네를 돌아다닌다.

밖에서 이빨을 닦는 느낌은 뭐랄까 어떤 쾌감이 느껴질 때가 있다. 동물들의 영역표시에도 그런 쾌감을 느낄 수 있는지 궁금하다. 여기는 '나의 홈그라운드' 같은 묘한 자부심을 갖기도 한다. 경복궁 앞에서, 청와대 앞에서, 전쟁기념관 앞에서 한 팔엔 타월을 걸치고 양치를 하는 사진을 찍어 인스타에 업로드하는 상상을 해본다. 어떤 외국인이라면 근사한 집을 가졌네라며 댓글을 달아 줄 수도 있지 않을까? 그렇다고 창피함을 아주 모르지는 않는다. 이 골목은 다행히 인적이 드문 곳이다. 가끔 지나가는 사람을 마주치기도 하지만 입을 살짝 다물고 칫솔을 감추면 그만이다.

서쪽 하늘의 구름이 오렌지빛으로 물들어 가는 시간, 나는 양치를 하면서 고양이를 찾았다. 이 일대 고양이들에게 나는 양치하는 인간으로 알려져 있을지도 모르겠다. 오늘은 아기고양이 두 마리를 만났다. 경계가 심한 녀석들이다. 다가가면 금방 모습을 감춰버린다. 그러면 나도 아무런 미련 없이 이빨을 닦으며 돌아온다. 태양이 조금 더 멀어지고 서쪽 구름은 더없이 아름답다. 한 손은 뒷주머니에 꼽고 아무 일 없는 평화로움에 안도하는 순간 뒤에서 택수야!라고 부르면 난 치약 거품을 문채 엉거주춤 뒤돌아 볼 것 같다. 오늘의 명장면, 붉은 태양을 역광으로 양치하는 나는 반가운 얼굴을 숨기지 않는다. 나를 부른 사람은 아주 적절한 타이밍에 스마트폰의 셔터를 누를 것이다. 이 스냅사진은 내가 가장 좋아하는 사진으로 프로필, 이력서, 출간하는 책의 작가 소개 사진은 물론이고 영정 사진으로도 사용할 만큼 충분히 좋은 사진이 되지 않을까?

아내가 알면 등짝 스매싱을 부를만한 일이지만 나는 종종 이빨을 닦으면서 걷는다.

주머니 속의 장르

1판 1쇄 2024년 8월 20일

지은이 김택수
디자인 지구불시착
교정교열 매수전, 미하
편집 미하, 김택수
펴낸곳 지구불시착

출판등록 2018.11.02
제 25100-2018000074호
서울 노원구 공릉동 333-18
전자우편 9illruwa@gmail.com
ISBN 979-11-91830-11-8

이 책 내용의 전부 또는 일부를 재사용하려면
반드시 저작권자와 지구불시착 양측의 동의를 받아야 합니다.